INVENTAIRE
Yc 635

Y. 957.

(par Claude Petit-Jehan
     ...)

Y. 460.

Revenu

Yc   635

Entre Frizon, Louuard, (et FLORIOT FAIT BEAU) Ses habits, qu'on luy rend, n'ont pour luy rien d'ex:
Fauconnier, Martial, Colin et Bastonneau, Il se Delatinize et va dans les Ruëlles, :qui
Virgile, à la Francoize, est reconnu des Belles: Debiter mots nouueaux, montrer modes nouuelles
Et deuient Monsieur le Marquis.

VIRGILE GOGVENARD.

OV LE DOVZIESME LIVRE DE L'ENEIDE TRAVESTY,

(Puisque Trauesty y a.)

A PARIS,
Chez ANTOINE DE SOMMAVILLE, au Palais, dans la petite Salle, à l'Escu de France.

M. DC. LII.
AVEC PRIVILEGE DV ROY.

Securus, licet, Æneam, Rutulúmque ferocem
Committas: nulli grauis est percussus Achilles;
Aut multùm quæsitus Hylas vrnámq; secutus.

Iuuenal. Sat. 1.

A
TRES-PVISSANT, TRES-BON, TRES-
MAGNANIME, TRES-GRAND, &c.
& (si l'on veut encor adiouster) Tres-
Pieux & tres-Sçauant Prince

HENRY DE SAVOYE,

ARCHEVESQVE ET DVC DE RHEIMS,
Premier Pair de France, Legat nay du S. Siege Apo-
stolique, Primat de la Gaule Belgique, Gardien
de la saincte Ampoule, &c.

ONSEIGNEVR,

I'aurois bien assez d'ambition pour vous faire vn Présent digne de vous. Mais ie n'ay ny

EPISTRE

assez de Fortune, ny assez de Genie. Vôtre condition & le rang que vous tenez, me dispensent de rechercher le secours de l'vne, & ie ne puis attendre aucune grace de l'autre.

Aussi puis-ie dire franchement, que ie ne vous donne pas grand chose, & i'auoüé, si l'on veut, (afin que personne n'ait les gands, & que i'aye pour le moins l'auantage de l'auoir dit le premier) que tout ce Liure n'est rien qui vaille; ou, pour en parler plus fauorablement, qu'il ne vault gueres mieux, & qu'il n'est presque remply que de Bagatelles. I'adoucis, par ce dernier mot, la seuerité du iugement que i'auois prononcé contre moy, & n'ose tout à fait me faire iustice ny rauaIer vn Ouvrage qui ne m'appartient plus, & que vous auez bien voulu faire vôtre.

Cette consideration, MONSEIGNEVR, n'est que trop suffisante pour le rendre supportable; & ie veux croire, que, comme vous faites la matiere de quelques vnes des premieres pages, vous pourriez aussi faire la reputation de tout le reste du Volume. Mais ie ne suis pas d'assez legere creance pour m'imaginer que ces malheureuses rimes puissent assez profiter de vostre Protection, pour en estre par là, plus estimées. Les Liures qui sont dediez aux Rois, & aux Saincts mesmes,

FORT LONGVE.

ne laissent pas de faire des Ialoux, ou de rencontrer des Critiques. A moins que les choses ne soient bonnes d'elles-mesmes, il est bien difficile qu'elles le deuiennent par vne raison étrangere: & toute la seureté & les Priuileges des anciens aziles ne firent iamais vn innocent d'vn coupable.

C'est toutesfois le principal motif & des anciens Auteurs & de la pluspart de nos Ecriuains modernes; & la Protection & l'appuy qu'ils demandent, font d'ordinaire les sujets & la matiere de leurs grandes & longues Dedicaces.

Pour moy, qui ne suis pas de ce nombre (& qui n'auois autre but que de satisfaire vn esprit curieux à qui ie ne puis rien refuser, en luy expliquant les dernieres auantures de Turnus & d'Enée qu'il desiroit sçauoir) ie ne me serois iamais auisé de faire voir le iour à cette Histoire, si la mesme personne pour qui ie l'auois traduite du douziesme de l'Eneide, ne m'auoit, deplus, obligé de l'abandonner aux Libraires. Or puisque ce m'est vne necessité de luy obéir, (quoy que ses ordres soient si doux qu'ils ne passent iamais les termes de la priere) ie ne luy veux obéir que pour vous : & comme elle fait ma Consideration particuliere, vous estes en mesme temps ma Raison publique.

EPISTRE

C'est pour vous & sous vôtre aueu, MON-SEIGNEVR, que Virgile se hazarde de deuenir François. Pourvû que vous luy vouliez bien seruir de caution à la Cour, ou, pour le moins de guide, il se sauuera du mieux qu'il poura dans la ville.

Il y vient habillé comme nous ; de peur que sa mine ou sa façon estrangere ne donne de l'épouuente ou ne fasse rire : & s'il s'est donné la qualité de Goguenard, c'est afin de n'estre ennuyeux à personne.

Beaucoup de gens serieux & sçauants n'ont point fait difficulté de qualifier ainsi leurs Escrits; & Catulle qu'on appelloit le Docte, par vne denomination particuliere, & dont Ovide ne craint point d'opposer la grace, à la majesté de Virgile, donne aussi le nom de Goguenard à son Liure,

Petrus Crinit. l. 1. in eius vita.

Coi donem LEPIDVM novum Libellum? & n'en a pas appellé les choses autrement que Bagatelles,

Catull. initio.

—— Námque, tu solebas,
Meas, esse aliquid, putare Nugas.

Ibid.

Ce n'est point faire tort à la memoire de Virgile, que de le rendre Agreable & Diuertissant, pourueu qu'on ne le rende ny Impudent, ny Ridicule. Car en ce cas, i'avoüe que ce seroit des-honorer les belles Lettres, & offenser les Sçauants au premier chef.

Ce seroit

FORT LONGVE.

Ce seroit vn crime irremissible à Paris (du moins depuis la montagne saincte Genevièfue iusques à sainct André des Arcs inclusiuement) & nous aurions raison de nous écrier auec tous les Suppots du païs Latin, aussi bien qu'auec le Poëte Auzone, Erubescamus qui & Virgilium faciamus *impudentem*, & de dire ce qu'il dit en vn autre endroit, confessant qu'il estoit tombé dans ces deux fautes, piget Virgiliani Carminis dignitatem tam *joculari* dehonestasse materiâ. Certainement il y a de l'effronterie à le rendre Impudent, & l'on se rend Risible, quand on le veut faire passer pour Ridicule.

In 1. præfat ad Cent. nuptial.

Id. in 1 ad Cent. Præf.

    Sa Mine n'est point Ridicule,
Son Discours n'a rien d'Impudent;
Chez la Marquise & le Pedant
Il ne craint Busque ny Ferule.

    Tous deux le lisent sans scrupule,
Et rien, ny Lascif ny Mordant,
Ne paroît dans tout l'Incident
Du Roy Troyen & du Rutule.

    A Paris, en habit François,
Il est, comme à Rome autrefois,
Chery du docte & de l'ignare;

    Et reçoit vn accueil égal,
Dans le College de Nauarre,
Comme dans le Palais Royal.

EPISTRE

Nôtre Virgile n'a garde de se presenter deuant vous, en l'vne ny en l'autre de ces deux postures. Il vous aborde seulement auec vn esprit Goguenard & enjoüé, & dans la mesme humeur qu'il estoit quand il donna ses sçauantes Bagatelles à Octave Auguste. Toute la difference qu'il fait du Prince mort au Prince viuant; c'est à dire de Luy à Vous, est, qu'il ne luy dedia qu'vn petit Moucheron mort, & il vous presente les victoires du grand Enée, dont la memoire ne mourra iamais.

Je ne croy pas luy rendre vn fort mauuais office, quand ie le fais tomber entre vos mains en sortant de celles d'Octave Auguste. Cet Octave n'estoit encor ny Empereur, ny Auguste, lors que nostre Poëte luy fit present de cette Raillerie; & maintenant qu'il se presente à Vous, il vous considere comme vn Prince Auguste & remarquable par les Rois & par les Empereurs dont vous tirez vostre origine. Ou, pour mieux dire, Octavius ne fut Empereur que long-temps aprés, & vous l'auez desia esté, s'il faut ainsi dire, long-temps auparauant, en la personne presque de chacun de vos Ancestres.

Il n'a donc point, sans doute, sujet de se plaindre de moy, de ce costé-là, non plus que pour la Goguenarderie. Car quoy qu'on en veulle

FORT LONGVE.

dire, Virgile estoit Goguenard de son naturel : Témoin la Raillerie (bonne ou mauuaise) qu'il fit d'Auguste, qu'il appella Fils de Boulanger, parce que tout le Present qu'il auoit receu de luy iusques alors, n'estoit que du Pain. Et dans cet Ouvrage du Moucheron, qu'il intitule Culex ad Octavium, ne debute-t-il pas par des termes de diuertißement & de jeu ?

  Lusimus, Octavi, ----------
  Lusimus --------------

Et puis vn peu aprés,
Omnis vt Historiæ per Ludum consonet ordo.
Il estoit sans doute Goguenard, le bon-homme. Possible estoit-il encor plus que Goguenard. Et sans rappeller icy la memoire de sa seconde Eglogue, ou sans luy imputer l'Opuscule des Priapées & des autres choses que Seruius & Donat luy attribuënt, il ne haïssoit point du tout le Diuertißement ny le Mot pour Rire. *Formosum pastor Cory- don. Egl. 2.*

Ce n'est pas que ie voulusse le rendre Gaillard à chaque page, comme ie me suis bien aussi gardé de le faire paresstre serieux par tout. La trop grande Ioye approche beaucoup de la Folie, & ie ne tiens pas que Democrite, qui Rioit sans cesse, fût plus sage que de raison Non plus que cet autre Philosophe d'Ephese qui pleuroit toûiours. Il

b ij

EPISTRE

faut garder le temperament en toutes choses. Ces gens-là ne valoient rien à part. S'il en estoit des Hommes comme des Metaux, ie croy qu'on auroit fait vn bon Personnage de ces deux Vizionnaires. Ie suis, en cela, de l'auis de Pline, ut in vitâ, sic in studiis pulcherrimum & humanissimum existimo, Severitatem Comitatemque miscere: ne illa, in tristitiam, hæc, in petulantiam procedat. Quâ ratione ductus, grauiora opera Lusibus Iocisque distingo. *Il ne pouuoit pas mieux exprimer ma pensée. Il semble que cet endroit soit vn Passage de Commende. Car nôtre Virgile est tellement gay, qu'il ne laisse pas d'estre serieux. Il est tellement serieux qu'on ne sçauroit dire qu'il ne soit pas Goguenard. Les Comparaisons en sont presque toutes serieuses, & les harangues pour la pluspart n'en sont point trop gaillardes. Le reste, est, comme il plaist à la bonne humeur. Ie ne parle point des Digressions où il entre presque toutes sortes de matieres. C'est vn fait à part, qui n'est que de pure invention. Et en cela, ie louë ceux qui m'ont deuancé en ce dessein, de n'auoir pas pris le deuant de toutes les nouueautez, & de m'auoir pour le moins, laissé celle-cy libre.*

Vóila, MONSEIGNEVR, *vn mélan-*

Plin. l. 8. Ep.

FORT LONGVE.

ge de bien des choses à la fois: mais ie n'ose vous les garentir bonnes. C'est vn euenement qui dépend plus d'autruy, que de moy. Du moins vous puis-ie dire qu'il faut estre bon Maistre, pour y piper, & que, quiconque reüssiroit en ce genre d'écrire, ne seroit pas des plus sots de ce monde. Sed peritorum Concinnatio, Miraculum est; Imperitorum Iunctura, Ridiculum. Voila vn Passage qui me fait peur: du moins, ay-je sujet d'apprehender que ie n'aye moy-mesme prononcé ma Sentence dans le dernier membre de ce texte. Mais tout coup vaille. Le Liure est tel qu'il est. Il n'en sera d'auiourd'huy meilleur. Ie ne me formalizeray point si les Sots le censurent, aussi-bien que les Delicats & les Doctes. Les Iugements, aussi-bien que les volontez, ont tousiours esté libres; & outre tout cela, ie ne sçaurois empescher le Monde de parler. Toute ma consolation sera d'apprendre que vous continuez à l'aimer, & i'auray mesme encor de la ioye, si i'entends dire que vous ne l'aimez pas. Car puisque vous auez bien daigné luy faire bon accueil; le peu d'estime que vous feriez de la Chose seroit vne preuue de l'amitié que vous auriez pour la Personne, & l'on ne reçoit iamais vn mauuais Present (& reconnu pour tel) à moins de faire beaucoup de

Auson. in præf. 1. ad Cent.

EPISTRE

cas de celuy qui le donne. Voila comme i'applique tout à mon auantage, autant que ie puis, & il paroist bien que ie suis fort aisé à satisfaire.

Ce que ie dis n'est pas sans exemple. Il y a quelques années qu'vn certain homme, nommé Rokambos (que i'estimois d'ailleurs pour les petits soins qu'il s'efforçoit tous les iours de me rendre) me dedia vn Liure de Vers intitulé la Congregation des Atomes vniuerselles, tant Sublunaires qu'Vltramondaines; auec plusieurs Belles Reflexions Morales & Physiques, selon la Doctrine de Lucrece & d'Epicure. Le tout à l'vtilité des bons François; par *Thibaut Rokambos*.

I'auouë que ie n'ay iamais vû Liure plus miserable, que celuy de Thibault Rokambos. Le Tiltre, qui est des plus impertinents, estoit tout ce qui s'y trouuoit de plus supportable. Et cependant ie ne laissay pas de receuoir ce Liure de Thibault Rokambos. Non pas veritablement parce qu'il eust fort bien reüssi, car le bon-homme estoit méchant Poëte, & comme on dit d'ordinaire, optimus homo, pessimus Poëta; Mais parce que l'affection & les empressemens de l'Auteur m'auoient obligé d'aimer sa personne. Aussi falloit-il que ie l'aimasse beaucoup pour receuoir

FORT LONGVE.

ses Vers pitoyables & rampants, qu'on auroit pû prendre pour des Chenilles à cause de la quantité de pieds qu'on y remarquoit bien souuent. Vn autre que luy, ne m'auroit point obligé de me dédier vn pareil Galimathias, & ie croy fermement que ie battrois vn Auteur inconnu qui me presenteroit encore vne fois de telles extrauagances.

Il en est icy tout de mesme. Du moins à peu près, car il n'est gueres de Comparaisons qui ne clochent. Ie sçay bien (& ie vous l'ay desia dit) que le Liure que ie vous dedie ne vaut pas grand chose, & ie ne doute point que vous ne l'ayez plutost receu pour l'amour de Moy, que pour l'amour de Luy. S'il valoit encor moins, vous l'auriez receu d'vn mesme visage. Vous considerez beaucoup moins les mains que le Cœur, &, en matiere de Present, vous faites toûiours plus de cas de la personne que de la chose.

Cela estant, MONSEIGNEVR, imaginez-vous, s'il vous plaist, que ie vous presente vn Almanach, ou vne These, & prenez, si vous voulez, que ie vous dedie la Congregation des Atomes vniuerselles tant Sublunaires qu'Vltra mondaines, &c. pourueu que vous consideriez quant-&-quant mon respect & ma vene-

EPISTRE

ration, & que vous me fassiez toûjours l'honneur de m'aimer un peu, vous ferez par aprés tel cas qu'il vous plaira de Turnus & d'Enée, & userez de cette Histoire, comme d'un bien qui vous appartient.

Ie ne la pouuois destiner à Persone auec plus de raison. Vos caresses & vos ciuilitez particulieres exigent de moy cette reconneßance publique; & la bienveillance que vous me temoignez d'ordinaire, m'oblige bien plus, que le Devoir que ie vous rends maintenant n'est capable de vous satisfaire. Vôtre Douceur naturelle, & cette Bonté que vous auez commune auec tous les Heros de vôtre Maison, doiuent faire parler ainsi tout le Monde. Elles vous font acquerir les Vœux & les Cœurs de tous ceux qui vous abordent; & l'estime & la veneration des Ames les plus difficiles à gagner ne vous coustent qu'un simple regard, ou que la moindre parole.

Vous aimez une façon de viure aisée & commode, & haïssez cette contenance fiere qui rend les Princes odieux, & le Noble ridicule. Vous estes naturellement ennemy du Faste & de la Grimace, qui tiennent bien moins de la veritable Grandeur, que de la bassesse, ou de la Superbe; & cette malheureuse Compagne de la Vertu, ne trouue point

FORT LONGVE.

poinş de place parmy la foule des belles qualitez qui vous enuironnent.

 Vous vous contentez d'estre Grand, sans vouloir affecter de l'estre. Vous estes sçauans sans paresstre ny rigide, ny seuere; & cette haute Doctrine, qui vous fit autrefois éclatter dans l'Echole tant en Theologien qu'en Philosophe, & qui vous a fait meriter vne des plus Haultes Prélatures de l'Europe, ne laisse pas de vous faire considerer à la Cour pour vn des plus polis & des plus agreables de nostre Siecle.

 Vous sçauez accorder les choses vtiles auec celles qui sont purement delectables. Vous conciliez les serieux entretiens du Cabinet, auec l'agreable conuersation des Ruëlles, & faites toûjours rencontrer la raison auec les fleurettes & parmy la belle raillerie.

 Ce sont des qualitez, MONSEIGNEVR, qui sont rares chez les Personnes communes, & qui certainement ne sont pas communes à tous les Princes.

 Pour peu que ie passasse outre, il sembleroit que ie voudrois faire vostre Eloge. Mais l'vsage du Genre Demonstratif m'est entierement defendu. Ie ne sceus iamais, de ma vie, ny bien loüer, ny bien blâmer personne; & ie n'ay ny assez de force (ou

EPISTRE

assez de complaisance) pour entreprendre les Panegyriques; ny assez de vertu (ou de malice) pour m'appliquer à la Satyre.

J'auouë pourtant que mon humeur me porte plus à celle-cy, qu'à l'autre; & si ie souhaitois auoir quelque panchant au premier, ce seroit seulement pour l'amour de vous, & pour apprendre à tout le monde l'éclat & l'auantage que vous tirez de vos Qualitez acquises & naturelles, qui vous font cherir, ou rechercher de tous ce qu'il y a de Gens d'Esprit en France.

Claudianus panegyr. 2. in laud. Stilico- nis.

———— Quin ipsa *superbia* longè
Discessit; vitium rebus solenne secundis,
Virtutúmque ingrata *Comes*; contingere passim,
Affaríque licet : non, inter pocula, sermo
Captatur, purâ sed libertate loquendi,
Seria, quisque, iocis, nullâ formidine, miscet.

Il me semble que vous n'estes pas fort mal dépeint en ces vers, & vous diriez que le Compere Claudian ait voulu parler de vous par vn esprit Prophetique. Voyons ce qu'il dit vn peu aprés, &, puisque ie suis en humeur de citer & de parler Latin, adioûtons encor ce qui s'ensuit,

———— Te, Doctus, Prisca loquentem,
Te, Matura, Senex audit; te, Fortia, Miles;
Aspersis Salibus. ————

FORT LONGVE.

Ce qu'il a dit autrefois d'vn grand homme, se peut bien encor auiourd'huy dire de vous; & n'en déplaise à feu Monsieur Stilicon, vous meritez mieux cet eloge que luy. Car, afin que tout le Monde le sçache, & pour le dire en François, aussi bien que ie l'ay dit en autre Langue

Vous pourriez disputer auec les Cordeliers,
Deuāt vo⁹, les Vieillards sont cōtrains de se taire;
Vous parlez en Guerrier parmy les Caualiers,
    Et sur l'Art Militaire,
Aussi bien que Cesar, vous feriez Cōmentaire.
    Vostre Esprit met si bien d'accord
    Le stile Agreable & le Fort,
Que mesmes en Riant vous estes Profitable;
Et vous faites bien voir, par cet air Goguenard,
    Que l'Vtile & le Delectable
    Ne peuuent rien valoir à part.

A mon aduis le temperamens de ces deux choses n'est point desagreable. La vie de l'homme est vn Tableau qu'il est mal-aisé de peindre auec des Ombres seules; & la Nature, qui trauaille & qui semble suër à la production des Chesnes & des Rochers, ne laisse pas de se iouër quelquefois, & de nous produire les Fleurs & les Coquilles. Les Occupations Diuertissantes & faciles, nous délassent

EPISTRE

des Serieuses & des penibles, & le mélange des deux est admirable. Ce n'est pas assez de dire de bonnes choses; il les faut dire Agreablement, Aspersis salibus Les Employs, la Science, les Compagnies, & les bons Liures, demandent cet Assaisonnement. La Diuersité est charmante par tout, & l'on ne peut estre repris d'écrire comme le Pere André presche. Il en est de toutes les Conditions comme de celle des Poëtes, Et prodesse volunt, & Delectare, & c'est vn auantage pour vous (MONSEIGNEVR) que vous ne puissiez dire de bonnes choses qui ne plaisent, ny faire parestre aucun agréement qui ne soit solide. Ie suis bien aise, en cela, que vostre humeur iustifie la mienne, & que i'aye par bonheur ce rapport auecque vous, que si mes occupations ne sont pas si serieuses & si profitables que les vostres, elles deuiennent pour le moins agreables, ou ne soient pas tout à fait déplaisantes.

Mais il faudroit estre long-temps de vostre Echole, auparauant que d'arriuer à ce poinct. Vôtre Genie n'est pas de ces biens dont la conqueste est aisée. Cette Possession, en vous, ne souffre point de partage, & l'on peut dire, que vous auez, ce que les autres cherchent.

Ie ferois ici volontiers vne ample deduction de

FORT LONGVE.

vos Merveilles. Mais il y a déia long-temps que ie devrois avoir finy ce Discours, & si ie n'en ay pas encor assez dit pour vous, il y en a, sans doute, trop de beaucoup, pour vne lettre. Le plaisir que ie prends à vous entretenir me rend coupable de cette faute, & me fait devenir ennemy de la Conclusion.

Il est temps maintenant que ie parle favorablement de moy. Quelque chose qu'on en veüille dire, il est bien raisonnable (au moins selon mon humeur) qu'aprés avoir rapporté vne partie de vos belles qualitez, ie fasse aussi mention de quelqu'vne des miennes. Ie n'apprehende point de me rendre ennuyeux par le nombre; ie me contente de me faire valoir par la plus glorieuse: & quelque honte qu'il y ait à se loüer soy-mesme, ie ne veux pas laisser de publier hautement, & faire connestre à tout le Monde, que ie suis

MONSEIGNEVR,

Vostre tres-humble, tres-obeïssant,
& tres-passionné serviteur,
L. D. L.

PREFACE,

Auant-Propos, Proëme, Prélude,
Préambule, Discours, ou tout ce
qu'il vous plaira.

LONGVE Epistre, courte Préface. Toutesfois ne sçay-je pas qu'en dire. Il faut attendre que ie sois vn peu plus auancé en matiere, pour en sçauoir le Court & le Long. Elle sera prolixe ou succinte, selon l'humeur, ou selon les Choses. Possible ferois-ie mieux de n'en point faire du tout : (& sans doute ce seroit bien le plus Court) peut-estre aussi iugera-t'on qu'elle n'est pas tout a fait inutile. Tout coup vaille, longue ou courte, inutile ou fructueuse ; il faut donner vne Préface au Libraire, & des raisons aux Critiques.

On me fit reproche ces iours passez de l'attentat que ie faisois à la majesté du Prince des Poëtes Latins. Et quelques gens soy disans interessez à sa memoire, me dirent auec vn peu de chaleur & d'émotion, (quoy qu'assez modestement toutefois) que i'auois grand tort, aussi bien que beaucoup d'autres, de Trauestir ainsi & deguiser ce grand Personnage, & que i'estois le premier qui auois esté assez hardy pour ozer faire la Barbe à Virgile.

Ie ne doute point, que si l'on prend le mot de *Trauestir* pour *Déguizer*, &, à plus forte raison, *Déguizer* tellement, qu'on ne puisse plus rien reconnestre de ce qu'on pense trouuer, & que l'on veut connestre, vne Traduction de

PREFACE.

cette forte ne foit, impertinente & miferable. On n'en deuroit pas moins punir l'Auteur qu'en abandondant ſes parties poſterieures aux Executeurs de la moyenne ou Baſſe Iuſtice des Colleges, où, certes, ſans aucune remiſſion, il ſeroit iugé digne de ce chatiment

——— Cuique criminofas,
Iulufa turpiter, nateis, flagellis confcribillent.

& ſi Mommort viuoit (i'entens celuy qui fut ſurnommé le Grec, de peur d'equiuoque, ſoit parce qu'il ſceut fort bien cette Langue, ſoit parce qu'il auoit appris à bien *Boire*, c'eſt à dire à la *Greque*, d'où l'on dit encor *l'ergracari*, ſoit qu'il uſt accouſtumé de Manger de meſme, quand il ſe trouuoit aux bonnes Tables, ou tout au contraire quand il eſtoit chez luy, *Graculus eſuriens &c.*) Si dis-je, le pauure homme viuoit encore, zelé comme il eſtoit pour le Grec & pour le Latin, il eſt certain que par vn beau *Mommoriſme* de Dieu, il donneroit du *Traducor Traditor* à Monſieur le Poëte bien ferré par les oreilles ; & ſi vne fois, chez Monſieur du Houſſet Treſorier des Parties Cazuelles, il nous penſa manger trois ou quatre que nous eſtions (quoy qu'il uſt déja fort bien diſné) pour n'auoir pas, diſoit-il, parlé de Seruius Honoratus auec aſſez d'honneur & de reſpect, ie croy fermement qu'il n'auroit pas moins fait que de deuorer ce mauuais Traducteur, pour auoir deshonoré & comme défiguré Virgile. Et certainement (à cela prés qu'il n'eſt pas fort ordinaire en ce païs de manger les gens, quand ils font des fautes) cette façon de traduire vn Auteur eſt tout à fait pernicieuſe aux bonnes Lettres, & en quelque façon iniurieuſe aux Sçauants : & l'on peut, en ce cas, excuſer leur mauuaiſe humeur, & leur permettre meſme (à condition toutefois qu'ils ne mangeront perſonne) de s'en ſcandalizer à bon eſcient, & s'en mettre tres-fort en colere.

Il n'y a donc point de doute que le *Traueſtiſſement*, la *Traueſtition*, Traueſtiture, Traueſtification, ou comme il vous plaira l'appeller, ne ſoit en ce ſens odieuſe aux gens d'eſprit, & ne doiue eſtre rebutée de toutes les perſonnes qui font profeſſion de Politeſſe.

PRÉFACE.

Mais si vous prenez le mot de *Travestir* pour vne façon de Traduire ou expliquer vn Ouurage (quelque serieux qu'il puisse estre) auec des termes enjoüez, plaisans & Burlesques mesmes, si l'on veut, pourueu qu'ils ne luy dérobent rien, ny dans le sens, ny dans les choses, ny dans l'Histoire; il est certain (du moins ie le crois) que ce genre d'écrire n'est aucunement blâmable, & qu'au contraire, il seroit à souhaiter que les Anciens Auteurs, principalement les Historiens, tant Grecs que Latins, & les François mesme, fussent tous Travestis de cette sorte. Ce n'est pas que ie fusse d'auis qu'on fit le procez à tous ceux qui écriuent d'vne autre maniere. Ie cheris trop les bons Liures pour ne les aimer pas en tous Stiles, & en toutes Langues; & ie ne pretens pas condamner les Traductions serieuzes quand ie veux faire receuoir les Diuertissantes. Si elles estoient generalement introduites, les moindres femmes & les plus petits enfans l'emporteroient sur l'experience de nos Vieillards. La connessance des choses anciennes, & de tout ce qui s'est fait dans les âges les plus reculez, ne seroit plus l'auantage de ceux qui ont le plus vécu d'années, mais de ceux qui auroient le plus lû de Liures; & comme les ieunes gens sont ordinairement attirez à la lecture par la curiosité des matieres diuertissantes, ils seroient conduits insensiblement à l'acquisition des choses solides qui s'y trouueroient conioinctes. Le soin des affaires dont l'Adolescence (qui est donnée aux plaisirs & à la ioye) les dispense, ne les empeschant point de donner tout leur temps à leur diuertissement, ils deuiendroient en peu de iours aussi Sçauans que leurs Maistres, dont la science ne paroist bien souuent qu'auec les cheueux gris, & la barbe blanche.

Par cette inuention, il n'y a point de Femme qui ne sceust son Virgile & son Homere, comme son Cyrus & sa Cassandre; point de petit garçon qui ne recitast Florus & Suetone, comme son Francion & son Dom Guichot. C'est à dire en autre idiôme *tanquam vngues digitosque suos*. On ne luy pouuoit rien demander si secret dans l'Antiquité qu'il ne

Iuuenal. Sat. 7.

PREFACE

qu'il ne découurît *in promptu* : &, fans auoir recours à fon Calepin, il fçauroit les chofes les plus cachées de l'Hiftoire,

Nutricem Anchiza, nomen patriámque nouerca   Iuuenal. ibid.
Anchemori. -----

Il feroit des Leçons à ceux qui Regentent, & diroit fans fe méconter le moins du monde

------ *quot Aceftes vixerit annos,*
Quot, Siculus, Phrygibus, vini donauerit vrnas.   Ibid.

Bref, c'eft vn moyen bien court pour paruenir à la Science, que de la rendre Agreable, & faire en forte que le jeu deuienne vn'Etude.

A dire vray, la methode d'inftruire la Ieuneffe eftoit autrefois vne efpece de Diuertiffement & de Ieu. Nous en retenons encor quelque chofe de refte dans nos Colleges: & ces Prix, ces Ieux publics, ces Tiltres d'Empereur, de Cheualier, de Tribun, & mille autres noms de Dignitez imaginaires, *Imperator, Eques, Tribunus, &c.* dont les Maiftres barboüillent encor auiourd'huy les murailles de leurs Claffes & de leurs Auditoires, & dont les Ecoliers fe repaiffent comme de la plus haute marque d'honneur; tout cela, dis-je, & tant d'autres fadaizes, nous font bien voir que les Sciences toutes feules, & fans l'acceffoire de quelque chofe de plaifant, degoufteroient, au lieu d'inuiter. Et c'eft fans doute pour cela que l'Ecole & le lieu où l'on enfeigne les bonnes Lettres & la Philofophie mefmes s'appelle, en bon Latin, *Ludus*, qui fignifie Ieu ; & que le Maiftre ou le Docteur qui les enfeigne eft appellé *Ludi Magifter*, comme qui diroit le Maiftre du Ieu. Pourquoy penfez-vous que l'Antiquité a donné vn violon au Dieu Apollon, qui eft le Pere des Sciences, fi ce n'eft pour nous montrer qu'il les faut enfeigner auec douceur, & les apprendre auecque ioye ? & par quelle raifon nous reprefenteroit-on les Mufes toujours ieunes, riantes, & folâtres mefmes, fi ce n'eftoit encor pour nous faire connoîftre qu'il ne nous eft pas plus poffible de profiter des bons enfeignements, ou

PREFACE.

ou des bons Liures, sans y rencôtrer quelque plaisir, que des potions ou des viandes que nous prenons à contre cœur?

Et certainement il faut de l'assaisonnement & de la pointe par tout : & plutost aux Arts & aux Sciences qu'en toute autre chose. Il est des gens qui n'auroient iamais seulement appris à lire ny à compter, (témoin ce Melitides, dont parle Lucian, qui ne sceut iamais compter que iusqu'à cinq) s'il n'y auoit eu ny Cochonnets, ny Dez au Monde. Mais en roulant ces Cochonnets, (c'est ainsi que i'apprens qu'on nôme certaines boules d'yuoire, ou d'autre matiere, qui ont vint & trois ou vint quatre faces, sur chacune desquelles est marquée chaque lettre de l'Alphabet) les enfans connessent leurs lettres, soit simples, soit assemblées, (ce qui se peut faire par la mesme industrie) & en poussant les Dez, & multipliant les nombres échus, ils apprennent à compter aussi facilement qu'à iouër.

I'ay connu vn homme qui n'a appris à chiffrer qu'en iouänt au Trou-Madame, & ne pouuant compter que iusques à douze ou treize, parce que ce Ieu nous deffend de passer outre, on trouua inuention (comme on s'apperçeut qu'il se plaisoit à cet exercice) de luy faire faire plusieurs petits Trou-Madame, l'vn de dix, l'autre de sept, puis de cinq, de trois, &c. à commencer du nombre ou le precedent finissoit. De sorte qu'en fort peu de temps il sceut chiffrer & compter à merueille : Et sans vn petit accident qui luy arriua depuis, ayant à force de nombrer & multiplier, perdu trois cens tant de mil liures à ce Ieu là, (cela ne vaut pas la peine d'en parler) il eust sans doute doñé enuie à toutes les Meres du voisinage d'enseigner à leurs Enfans les Nombres & les Chiffres en iouant au Trou-Madame.

Mais Raillerie cessante & Trou-Madame à part. Il est certain que les hommes, pour la pluspart, sont naturellement ennemis de la peine, & nous sommes bien souuent rebuttez de la possession des bonnes choses, par les difficultez qui les enuironnent, & par les obstacles qui se rencontrent au passage. Il n'y a que l'apparence d'vn *Bien Delectable* qui nous attire. C'est luy seul qui nous empesche de voir

PREFACE.

ou qui nous fait oublier les soins & les veilles, & quelquefois les maux où nous allons insensiblement par ses allechemens, ou sous sa conduite. Sans cela, ie croy que le monde auroit trouué sa fin dans son commencement, & ie ne pense pas qu'il y eust vne Femme assez hardie, ou du moins assez interessée en la cause commune, pour se vouloir exposer aux douleurs de l'accouchement, si elle n'auoit esté premierement inuitée au Mariage par la volupté qui precede la peine, & (comme dit fort bien mon cher amy Lactance) nous sommes naturellement si nonchalans aux choses qui regardent le Deuoir, que, si la nature n'auoit prudemment attaché quelque volupté à l'office des gens mariez, touchant la multiplication de l'espece, la femme éuiteroit sans cesse cette action comme la cause d'vn supplice, & l'homme la remettroit le plus souuent au lendemain, comme vne affaire ou comme vne corvée. Tant il est vray que le Delectable nous fait toujours faire le premier pas pour toutes choses.

Ie sçay bien qu'on me dira que l'Honneste & l'Vtile sont des biens qui nous font pour le moins faire autant de chemin que le Delectable, & que ceux-là ont bien souuent plus de pouuoir sur nous que celuy-cy. Ie ne doute pas que l'Honneur & la Gloire qui flattent les Ambitieux par l'espoir de l'independance, & qui les font exposer aux plus grands perils & aux plus rudes fatigues de la guerre, ne soient assez & trop suffisans pour nous émouuoir. Ie sçay bien que le Profit & les Richesses qui font passer les Mers, & qui au hazard de la fortune & de la vie, ont fait découurir de nouueaux païs & des terres inconnuës, sont encor d'assez puissants motifs pour porter les hommes aux plus grandes entreprises. Mais, à le bien prendre, cet Ambitieux n'exposeroit point sa vie pour la gloire, s'il n'y trouuoit ses plus grandes Delices. Cet Auaricieux ne risqueroit ny sa vie, ny la fortune de ses Enfans, si l'Argent ne luy sembloit la chose du monde la plus Delectable. De

Cùm excogitasset Deus, duorum sexuum rationem, attribuit eis se vt inuicè appeterét, & coniunctione gauderent. Itaque ardentissimam cupiditaté, cūctorū animantium corporib' admiscuit, vt in hos effectus auidissimè ruerent, eáque ratione, propagari & multiplicari genera possent. Lactant. de vero cultu lib. 6. c. 23.

PREFACE.

forte que le Delectable est (du moins à mon sens) le seul & vnique Bien que nous ayons dans la Morale; &, soit qu'il soit Vtile, soit qu'il soit Honneste, c'est toujours vn Bien Delectable. Car il n'est rien de plus Delectable à tous les hommes, que l'Honneur; Rien de plus Delectable à la plufpart du monde, que les Richesses.

Cela estant ainsi, il faut que les Sciences, la Connessance des bons Liures, bref, toutes choses, soit Honestes, soit Vtiles (sans excepter ni la Vertu, ni toutes les loüables habitudes) qui sont des Biens, soient Agreables & donnent du plaisir, autrement ce ne sont point des Biens: car les Biens ne sont point Desagreables, & ne peuuent iamais Déplaire. Il seroit fort auantageux de separer tellement les choses solides d'auec l'étude & le soin qu'elles nous coustent, & l'amertume & le degoust qu'elles portent d'ordinaire auec elles, ou si bien confondre les Serieuses auec les Plaisantes, que l'on ne pust iamais rien lire qui ne fust Diuertissant, ny rien gouster qui ne séblast Agreable. Outre l'auantage general qu'en receuroit tout le môde, ce seroit, sans doute, vn bon moyen pour faire gaigner les Libraires & les Medecins, ou du moins les Apotiquaires. Car, comme il n'y a rien à certaines gens de plus ennuyeux que la Lecture, rien de plus amer que la Medecine; s'il estoit possible de rendre tous les bons Auteurs Diuertissans, sans qu'ils en deuissent moins profitables, & toutes les Potions douces, sans qu'elles fussent aussi pour cela moins salutaires, il seroit également agreable & facile de se tirer de l'Ignorance & de la Maladie, & rien ne se payeroit plus liberalement que les Liures & les Drogues.

Il y a déia quelque temps (ie laisse Potions & Medecines à part) qu'on commence à trauailler à cette vtilité publique, &, sans faire mention de quelques-vns des precedents Liures de l'Eneide (où nostre amy Monsieur l'Abbé Scaron a le premier de tous mis la main auec tant de succez,) depuis qu'on a reduit l'Histoire de France en Ieux

PREFACE.

de Cartes, & qu'on a mis sur nos Ecrans les Empereurs, & les Papes mesmes, le Globe Celeste & celuy de la Terre, (aussi bien que la Nopce de Ieanne, & autres badineries Historiques de la place Maubert & des Halles,) ie ne pense pas, que, dans peu de temps, il soit permis d'ignorer aucune chose; où ie doute du moins, qu'on puisse d'oresnauant ni se chauffer, ni iouër, ni lire ces sortes de Traductions agreables, sans y trouuer du solide, & sans auoir quelque côneſſāce de la Carte, de la Sphere, & de l'Histoire.

Voila comment la Science & les bonnes Lettres passent insensiblement par le Véhicule du Delectable, dans l'esprit mesmes des moins subtils, ou des plus indifferens.

L'ignorance est vne maladie de l'Ame: Il la faut guerir auec la mesme methode dont on se sert pour remedier aux maladies du Corps. Or ce n'est pas assez de donner des remedes aux malades, il est à propos outre cela de les leur rendre agreables (autant qu'on peut) ou tout au moins d'en oster la plus grande amertume.

C'est ce que i'aurois bien voulu faire en ce Poëme à qui i'ay donné le Stile vn peu *Goguenard*, aussi bien que le Tiltre, afin qu'il pust diuertir & profiter tout ensemble.

Idquóque enim nou ab nullâ ratione videtur;
Nam veluti, pueris, absinthia tetra, medentes
Cum dare conantur, priùs oras, pocula circùm,
Contingunt mellis dulci flauóque liquore,
Vt puerorum ætas improuida ludificetur
Labrorum tenùs; intereà perpotet amarum
Absinthi laticem, deceptáque non capiatur;
Sed potius, tali facto, recreata valescat.
Sic Ego nunc, ------

Lucret. lib. 4. statim post initium.

Cela veut dire, qu'il est souuent à propos de dorer la pilulle. Ce bon-homme, tout Philosophe qu'il est, dit qu'il faut corriger l'amertume de choses qui doiuent profiter, par vne douceur qui attire & qui plaist. Il traite vne matiere difficile & ennuyeuse, en vers qu'il appelle Agreables &

PREFACE

floux, suaui loquenti communi, & fait voir qu'il seroit impossible de comprendre la doctrine qu'il entreprend d'établir, sans la rendre intelligible par la douceur d'vne expression agreable & familiere. *Sic Ego nunc*, i'en dis de mesme maintenant, & i'ay tellement trauaillé à faire gouster cette Histoire aux femmes & aux enfans mesmes, qu'elle ne laissera pas peut estre de plaire aux Sçauans de l'vn & de l'autre Monde: C'est à dire, tant du païs Latin, que de la Cour. Car à cela prés que dans les Digressiōs (qui sont distinguees par deux poincts.. pour ne pas confondre le present auec le passé) il n'y a rien du tout de la pensée de Virgile, ie puis dire que par tout ailleurs, il n'y a rien de mon estoc, mais mesme, que la version est presque litterale (comme il se peut voir en conferant le Latin auec le François) & que ie n'ay rien oublié de l'exposition des meilleurs Comment. cōme de Seruius, de Donat, d'Ascensius Badius, de Farnabius, de Pōtanus, de Lacerda, d'Abram, &c. tant anciens que modernes. C'est pourquoy ie conclus, & disque tant s'en faut que ce soit vn peché de traduire, ou Travestir (puisque Trauesty y a) le bon-homme Virgile en cette sorte, que i'en estime au contraire la maniere auantageuse à tout le monde. Et au lieu d'en craindre la reprimande de Messieurs les Vniuersaux, dont me menaçoit le Fat detantost, i'espere receuoir Compliment là dessus, d'vne demy-douzaine pour le moins des plus haults huppez, soit entre les Grammairiens, soit parmy les Humanistes. En voila assez sur ce subiet, & mesme vn peu trop (dira quelqu'vn.) Mais le Fils de l'Imprimeur est la qui s'impatiente, en attendant cette Préface, ie suis trop pressé pour estre Concis maintenant. Si i'auois plus de loisir, ce Discours en seroit moins prolixe. Et puis, qu'il soit Long ou Court, ie n'ay asseuré de rien, & c'est dequoy ie n'ay ozé répondre au commencement. En tout cas le lise, le laisse; l'approuue, l'improuue qui voudra; ie ne m'en embarasse pas, pour cela, dauantage. Il n'y a ny honte ny punition à encourir pour ce vice;

PREFACE.

& pour moy ie croy qu'il vault mieux, puis que nul n'eſt parfait en ce monde, eſtre conuaincu de mille deffauts, que d'eſtre ſoupçonné d'vn ſeul crime. I'auois encor reſolu de traiter icy du ſtile dont on ſe doit ſeruir en ce genre d'écrire Goguenard, ſoit qu'on le doiue appeller *Burleſque* ou *Comique*, comme certainement il doit bien plus tenir de ce dernier que de l'autre. Mais c'eſt ce coup là que i'aurois eſté long, cette ſeconde partie eſtant certainement plus forte & plus remplie de matieres, que l'autre. Ie ne veux pas cauſer ce redoublement d'ennuy à mes amis. Nous garderons ce ſujet pour en diſcourir à part dans vn autre rencontre. Auſſi bien les meilleures choſes que ie pourrois dire, n'en rendroient pas vn ſeul homme plus ſçauant ny plus ſatisfait. Et puis ie fay conſcience de faire attendre ce pauure Garçon plus long-temps; *Verbum non amplius addam.*

AV LECTEVR,

Honneur & Ioye.

ON cher Lecteur, ou ma chere Lectrice, (ou plutost, Lecteur & Lectrice tout court, car que sçait-on à qui on a affaire?) Il est bon que tu sçaches, afin que tu sois éclairci de tout, que ce Liure n'est pas fait d'auiourd'huy. Ie fais cette declaration d'abord, de peur que tu ne t'attendes d'y trouuer aucun mot des choses delicates du temps, & qui se sont principalement passees depuis les six ou sept mois derniers, durant lesquels nous auons tant vû de Remu-ménage. Ce ne sont point des matieres conuenables à nos Plumes. A mon auis, les gens bien auisez ne doiuent gueres se mesler d'en écrire, & ceux qui sont encor plus sages n'en parlent point du tout. Cela soit dit en passant.

C'est par cette raison, aussi bien que par vn peu de paresse, où ie suis naturellement enclin, que ie n'ay rien voulu adiouster, retrancher ny changer en cet Ouvrage; & Madame la Maréchalle de la Motthe, dont il est parlé en la Digression de la Belle Lavinie, y est appellée Mademoiselle de *Toussi*, & n'y perd point le nom qu'elle portoit encor la veille de ses Nopces. Voila déja pour vn. Maintenant il est à propos que ie te die, touchant l'ordre & l'œconomie de cet Ouvrage, que tu peux t'assurer d'y lire Virgile tout pur, nonobstant les Digressions, où il n'y

a rien

AV LECTEVR.

à rien moins que le sens de l'Auteur. Car de peur qu'il n'y ait confusion, elles sont distinguées de la Traduction par deux poincts en cette façon .. au commencement de chaques lignes. De sorte que là où commencent les Digressions, là cesse la Traduction; & où finissent les Digressions & les poincts, là immediatement la Traduction recommence.

Or parce qu'en ce douziesme & dernier Liure de l'Eneide, il ne se peut pas faire que Virgile n'ait laissé quelques endroits, dont l'explication dépend de la connessance des Livres precedens, i'ay trouué à propos de les éclaircir, & d'y inserer de courtes explications, qui tiennent lieu de longs Commentaires pour soulager la memoire du Lecteur, ou pour ne le pas embarasser long-temps à deuiner. Or ces explications qui ne sont point de la Traduction du Latin, mais bien du sens, ou du moins qui n'y sont pas contraires, sont enfermees comme des parentezes (quoy que d'ordinaire elles ne soient pas parentezes pourtant) entre deux marques de cette façon [ ].

I'adiousteray encor vn mot d'auertissement, & te diray que comme il est necessaire de te figurer la Scene de cette Histoire, derriere les murailles de la ville de Laurente (car ce qui se passe au dedans est peu de chose,) il faut aussi que tu t'imagines que Paris est comme la Scene de ce qui se traitte dans les Digressions, (i'entends pour la plusplart, car il y en a d'absoluës, & qui ne sont aucunement relatiues, c'est à dire, qui ne dépendent ny du temps, ny du lieu, ni &c.) autrement il y auroit de la confusion, & si le Liure estoit imprimé ailleurs qu'à Paris, comme à Roüen, à Lion, &c. quiconque liroit *nos Bourgeois, icy, nostre ville, cette ville,* &c. ne sçachant pas que le Liure auroit esté conceu, fabriqué, & imprimé à Paris, croiroit, ou qu'à Lion, ou qu'à Roüen, ou ailleurs, telles choses qui y sont comprises, se feroient passees; ce qui seroit faux. Il faut donc se figurer que cette Traduction est faite & imprimee à Paris, (soit chez Quinet, soit chez Courbé, soit chez Antoine de Som-

e

AV LECTEVR.

mauille, ce qui n'importe pas beaucoup) quand mesme elle se trouueroit pochee & imprimée en vne autre ville. Adieu Lecteur, adieu Lectrice; Honneur & Ioye.

IE NE DOVTE point qu'on ne trouue quantité de fautes en ce Liure. Ie ne parle pas des miennes (car il est aisé de les corriger, puis qu'il ne faut qu'vne seule rature, *Corrigere hos versus vna litura potest.*) I'entends parler de celles de l'Imprimeur. Mais moy qui ne me suis iamais pû donner la peine de relire vne Lettre de demy-page seulement, ie ne sçay comment i'aurois pû m'assujettir à repasser les yeux sur cinq ou six mille vers, & m'amuser à compter chaques lettres, chaques syllabes, & la moindre virgule. C'est pourquoy prenne le soin qui voudra de les corriger soy-mesme. Ce n'est pas chose bien difficile aux gens d'esprit. En tout cas vn Conseiller de mes Amis, fort expert, & nullement subalterne, si ce n'est en cette partie, a pris la peine de lire quelque chose de cet Imprimé, voici les *Fautes* qu'il y a remarquées, ou, pour parler dans les termes,

ERRATA.

PAge 20. vers 15. & 16. lisez ainsi
  Malgré leurs desseins les plus beaux.
  Et leurs Patrons les plus nouueaux.
pag. 35. v. 10. *certes*, lisez *certe*, sans, s.
p. 81. v. dernier, commence la Digression, les deux poincts . . y sont oubliez.
p. 85. v. 22. *habill'*; lis. *habil'home*.
p. 109. v. 8. *deuy*; lis. *deux*.
p. 127. aprés le vers 2. fermez la parenthese.
p. 152. v. dernier, au premier mot commence la parenthese.
p. 167. à la marge tout en bas, *forum*; lis. *fori*.
p. 168. à la marge tout en haut, *pendensi* lis *vendens*.
p. 178. v. 14. *faiis*; lis. *fais*.
p. 179. v. 21. *s'auançois*, lis. *auançoit*.
p. 183. v. 17. *ce*, lis. *se*, auec vne l.
En l'Epitre pag. 4. lig. 18. *coï*, lis. *Quoi*.
En suite p. 8. lig. 10. *distingo*, lis. *distinguo*. &c.

ARGVMENT,
OV
ABREGE' DV XII.
LIVRE DE L'ENEIDE.

TVRNVS, fils de Daunus, Roy des Rutules (peuples d'Italie) aprés deux Batailles, où les Latins & tous les autres Italiens qui compoſoient ſon Armée, n'auoient rien fait qui vaille, ſe ſouuenant qu'il auoit promis de ſe battre en duel contre Enée (tant pour reparer ſa Reputation, que pour mieux meriter la Belle Lavinie, qu'ils pretendoient tous deux épouſer) & voyant que tout le monde l'obſeruoit, & le regardoit fixement, comme pour exiger de luy l'effet de ſa promeſſe, peſte, enrage, fait le Diable & le Lion * d'Afrique, comme dit Virgile ; & malgré les Raiſons du Roy Latinus, & les pleurs de la Reyne Amata ſa femme, depeſche vn

* Pœnorū qualis in aruis
Tum demū mouet arma Leo, &c.

ARGVMENT.

Gentilhomme, nommé Idmon, vers son Riual pour luy porter parole d'honneur. Enée (ie vous laisse à penser) reçoit le Cartel de tout son cœur, & selon la coustume, on prepare le Sacrifice, derriere les murailles de la ville de Laurente, où deuant l'Autel qu'on venoit de dresser, le Roy, Enée, & Turnus, en grande Ceremonie, commencent à proposer leurs Conditions, & leur Traité.

Pendant tout cela, la Nymphe Iuturne, sœur de Turnus, par le conseil de Iunon qui n'estoit pas des meilleures amies d'Enée, fait tous ses efforts pour empescher que ces deux Heros ne se battent seul à seul. Et pour y paruenir, elle parest sous la figure de Camertes, homme vaillant & grand Capitaine, dans l'Armée de Turnus, laquelle aussi bien que celle d'Enée, deuoit laisser battre les deux Riuaulx tout leur saoul, ayant mis armes, piques, & boucliers par terre, & n'estoit là seulement que pour la mine. Là, cette Iuturne qui s'estoit si adrettement Camertizée, exhorte les plus fiers & les plus indifferens, à combatre, &, par vne belle & docte Harangue, presse les vns & les autres à donner Bataille.

Les belles paroles qu'elle employa, ne persuaderent pas generalement tout le monde. C'est pourquoy elle s'auisa d'acheuer par l'Enchanterie, ce qu'elle auoit déja commencé par le Déguisement & par l'Imposture. Elle fait parestre en l'air ie ne sçay quel Prodige d'vn Aigle qui vient enleuer vn Cigne sur le bord de l'eau: (qu'il luy falut rendre, par parenthese, à cau-

ARGVMENT.

se d'vn grand nombre d'oiseaux qui se ioignirent & Fronderent pour luy comme il faut;) mais cela soit dit en passant. Tolomne qui estoit fort sçauant Deuin (du moins à ce qu'il disoit) gobba tout le premier, & donna si bien dans le panneau, qu'aprés auoir fait l'explication, bonne ou mauuaise, de ce pretendu Pronostique, il vous tire tout franc sur l'Armée des Troyens qui ne pensoient à rien, & vous donne droit dans les trippes à l'vn des neuf fils de Gylippes.

La Consolation (ou peut estre le Regret) du pauure Gylippus estoit d'en auoir encor huit de reste. Quoy qu'il en fût, pour cet article; Voila grand bruit de part & d'autre. Nonobstant le Sacrifice, les Conuentions & le Traité, Enée luy-mesme, lors qu'il Harangue ses Troupes pour faire cesser ce desordre, se sent frappé d'vn coup de fléche. On ne put iamais sçauoir par qui, ny comment. De sorte qu'il fut contraint de quitter la place, & de s'aller faire (en bon François) penser.

Aussi-tost Turnus n'ayant plus d'ennemy particulier en teste, fend, taille, tuë, & fait le mechant à toute outrance. Cependant Venus mere d'Enée, voyant qu'vn certain Iapis, tout bon Medecin & Chirurgien qu'il fut, n'estoit pas encor assez habil'homme pour guerir cette blessure, où le fer de la fléche estoit demeuré, va viste sur le mont Idâ, y cueille le Dictame (simple fort souuerain pour chasser le fer des playes) &, l'ayant subtilement & sans se faire voir, infuzé dans l'eau qu'Iapis auoit preparée pour bassiner la

ARGVMENT.

sa partie, elle fait si bien, qu'aprés quelque legere fomentation, le fer tombe de luy-mesme, & que son cher Eneas est en estat de retourner au combat.

Il ne fut pas si tost guery, qu'ayant fait vne leçon paternelle au ieune Ascanius, autrement Iülus son fils, il s'en va faire teste à Turnus à dessein de ne s'attacher qu'à luy. Iuturne qui voyoit qu'Enée n'y alloit pas de main-morte, & que son frere couroit grand risque, s'habille encor vne fois en masque, & sous la forme & le visage de Métisque (c'estoit le Cocher de Turnus) dont elle prend la place, aprés l'auoir ietté par terre, faisoit claquer son foüet comme il faut, & passoit prés d'Enée plus viste qu'vne hirondelle, sans qu'il pust iamais frapper ny toucher son frere.

Enée se lassant de mesurer inutilement tous les coins du terrain, quitte son homme, & fait assieger la ville de Laurente où estoient le Roy Latinus, la Reine Amata sa femme, & la Belle Lavinie leur fille. Déja tous les Troyens s'estoient approchez de la ville. Eneas y faisoit mettre le feu de tous costez. A dire vray, cela alloit vn peu bien viste ; (mais le bon-homme Virgile qui le dit, ne voudroit pas mentir.) Le plus grand malheur qu'il y ust en tout cecy, est la fin funeste & pitoyable de la pauure Reine Amata, qui, croyant que Turnus estoit tué, parce qu'il ne paresoit point au secours de la Ville, mit vne corde à vne poutre, passe le col dedans, iette ce qu'elle auoit sous les pieds, par terre ; & : vous sçauez ce qui s'ensuit. De vous dire, maintenant, si la corde estoit de soye,

ARGVMENT.

à cause de la Dignité, ou n'estoit simplement que de chamvre, attendu la precipitation & le desordre où elle estoit, c'est ce que ie ne puis bien vous faire sçavoir : l'Histoire n'en fait aucune mention.

Aprés cet accident, malheureux & tragique, Sagez qui estoit vne espece de Courrier, s'en vient au grand galop trouuer Turnus qui poussoit ses cheuaux sur certains fuyards de Troyens, & luy fait le recit de tout ce qui s'estoit passé, tant au siege de la ville, qu'en la personne d'Amata. Aussi-tost, surpris de ces fascheuses nouuelles, il querelle sa sœur qu'il auoit reconnuë à trauers le Cocher, & mettant pied à terre, il s'en va comme vn desesperé, chercher Enée contre qui il s'estoit enfin resolu de combatre seul à seul. Eneas qui le voit approcher, s'en vient à luy auecque ioye. Les Troyens & les Italiens apprenant qu'ils estoient tous deux aux mains, quittent & ville, & murailles, & siege, pour deuenir (selon leur premiere intention) les spectateurs du combat ; & le pauure Turnus malgré tous ses efforts, & les bonnes volontez de la Deesse Iunon, & de la Nymphe Iuturne sa sœur, (qui par vn ordre absolu de Iupiter & du Destin, furent contraintes de l'abandonner) est enfin blessé & terrassé par Enée, qui témoignoit estre prest de se rendre aux prieres & aux gemissemens de son Ennemy soubsmis, s'il n'ust point vû sur ses épaules le Baudrier du ieune Pallas que ce Turnus auoit autrefois tué. La tendresse qu'Énée auoit euë pour son cher Pallas, luy fit naistre tant de colere contre Tur-

ARGVMENT.

nus, que sans differer dauantage, nonobstant tous ses discours, & toutes ses soumissions, il acheua de luy oster la vie: & voila ce que c'est que *Turnus vi infractos.*

VIRGILE

Et Fata imponit diuersa Duorum

Enfin, malgré Iunon Iuturne et tout appuy,
Eneas est vaincœur et voit Turnus soubs luy,
Mais l'histoire ust esté finie,

Si, grace à sa merē Venus,
Il ust sçeu mettre Lavinie
En la posture de Turnus.

VIRGILE
GOGVENARD.

Ou le douziesme Liure de l'Eneide
trauesty, (puisque trauesty y a)

Par malheur, les troupes Latines,
Cy-deuant fieres & mutines,
N'urent le cœur fier ni mutin,
Et se battirent en Latin.

*VRNVS, ou bien autrement Turne,*
Melancolique & taciturne,
Voyant que son Party vaincu
En auoit ainsi dans le cu,
Veut sur le champ par son courage
Reparer cet insigne outrage.

A

VIRGILE

Aussi bien chacun attendoit,
(Le sommant des yeux & du doit,)

Turne pour répondre aux reproches de Drance dont il esto't outré, auoit promis en plein Senat de se battre seul contre Enée.

Qu'il se batit à toute outrance,
Comme il auoit promis à Drance,
Contre Æneas son ennemy
Tout seul, (sans second ny demy.)
Il ressent vn couroux extresme,
Enrage, peste ; & tout de mesme

Lisez Virg. l. 11. vers le milieu. Comparaison.

Qu'vn fort & genereux Lion
Dans l'Affricaine region,
Qui se sent frappé d'vne flesche,
N'attend pas que son sang se seiche
Pour courir apres le chasseur ;
Mais d'abort auecque fureur
Herisse sa criniere affreuze,
Et de sa playe large & creuze
Rugissant, & tout pantelant,
Tire & rompt le dart tout sanglant,
Et d'vne ardeur dezesperée
Court iusqu'à tant qu'il ait curée.
Ainsi Turne, ce grand Heros,
Les yeux hagards, & le cœur gros

Deuant Latinus Le Roy des Latins.

Enrage, & sans respect fulmine

Deuant sa Majesté Latine ;

Discours de Turne au Roy Latin.

Et luy dit, sans preambuler ;
Turne ne veut point reculer,

GOGUENARD.

En vain la paignotte d'Ænée
Croit me l'auoir belle donnée ;
Il n'est pas saison de railler,
Ie suis tout prest de batailler,
Et luy faire tenir parole,
Car il est pris s'il ne s'envole,
Fit-il encor plus du retif :
Commencez le preparatif,
Patron, songez au Sacrifice
Auparauant que i'entre en lice,
Et selon vos intentions
Ordonnez des Conventions ;
Ou, d'vne main impitoyable
I'enuoyerois le Fourbe au Diable.
Hé quoy donc ce beau Conquerant,
Ce fugitif, cet homme errant
Ne s'est échappé de l'Azie
Que pour me donner ialousie,
Et nous troubler dans nos Estats !
Ha, Prince, cela n'en est pas ;
Ne croyez point que ie l'endure,
J'en veux tout seul punir l'iniure,
Encor que l'affront soit commun
Pour le vanger c'est assez d'Vn.
Qu'en cela, sans tant de mistere,
Les Latins me regardent faire,

VIRGILE

Et pendent leur épée au croc
Quand ie luy donneray le choc.
I'en veux tout seul auoir la gloire,
Et s'il emporte la victoire,
(Ce qui ne sera si Dieu plaist,)
Ie luy cede mon interest ;
Il possedera Lavinie,
La querelle sera finie,
Et les vaincus suiuront sa loy :
Pourtant reposez-vous sur moy.
  Cela dit auec vehemence,
Le Roy, qui parle par Sentence,
Le Roy Latin prit le discours,
Et d'un air doux, comme velours,
Réponse de Latinus à Turne. Luy dit, ô Prince magnanime,
Plus la colere vous anime,
Plus ie veux pezer murement
Les raisons du ressentiment
Qui vous fait parler de la sorte :
Car, quelle fureur vous transporte ?
Vous auez tous les reuenus
Du Roy vostre pere Daunus,
Daunus Roy des Rutulois & pere de Turnus. Vous possedez ses champs fertiles,
Des Royaumes, & plusieurs villes
Acquises par vostre vertu,
Viuant à bouche que veux-tu ;

GOGVENARD.

Bref auec vn grand heritage
Vous auez encor grand courage,
Cela se sçait, (& , Dieu mercy,
Nous auons l'vn & l'autre aussi.)
Qu'auez-vous donc qui vous tourmente ?
Dans les campagnes de Laurente,
Vous auez à vostre desir
Assez de femmes à choisir,
Nous en auons vieilles & neufues,
Nous auons & filles & veufues
Dans cette Prouince à foizon,
Riches, belles, & de maizon,
Dignes de vous & de l'Empire.
Possible me viendrez-vous dire
Que ce n'est pas contentement ;
Mais écoutez-moy seulement,
Et conceuez bien ma pensee.

Dans l'Histoire qui s'est passee ;
Vous sçauez, ou pourrez sçauoir
Qu'il n'estoit point en mon pouuoir,
(Sans estre à l'Oracle contraire,
Et mettre les Dieux en colere)
De soulager tous ces Messieurs,
Qui contoient chez nous leur douleurs,
Et qui souffroient peine infinie
Pour les beautez de Lavinie :

Au 7. l. de l'Eneide l'Oracle Faunus auoit expressement defendu à Latinus de marier sa fille Lauinie à aucū des Latins, mais biē à vn Prince étrāger. Cela porta Latinus à l'offrir en ma-

VIRGILE

riage à Enée Prince Troyen, qui estoit nouuellement arriué sur les terres.

Ie ne pouuois à pas vn d'eux,
Quoy qu'ils luy fissent les doux yeux,
Qu'ils eussent naissance, & courage,
La donner lors en mariage,
Ny mesme à vous, Seignor Turnus,
Bien que fussiez des mieux venus;
Ma parole en estoit donnée
En faueur de Messire Ænée.
Cependant pour l'amour de vous,
Par le sang commun entre nous,

Venilia mere de Turnus estoit sœur d'Amata femme de Latinus & mere de Lauinie. Virg. l. 7. Exulibusque datur. Ducenda Lauinia Teucris, ô genitor. &c. où il est amplement parlé des vacarmes d'Amata sur ce suiet.

Par les plaintes & par les larmes
De ma femme qui fait vacarmes,
Et qui brigue en vostre faueur,
I'ay franchy les regles d'honneur,
I'ay ma parole retirée,
I'ay fait contre-vent & marée;
Et i'ay par vostre empressement
Pris les armes iniustement.

Latinus a voit promis Lauinie sa fille à Enée par Ambassademis. Virg. l. 7.

Du depuis nous auons sans nombre
Souffert encombre sur encombre,
Toùiours malheur, petit ou grand.
Vous voyez ce qu'il vous en prend,
Vos maux égalent bien les nostres,
Vous en tenez comme les autres;
Ouy-bien certes vous en tenez,
Si maintenant vous souuenez

GOGVENARD.

De l'vne & de l'autre bataille
Ou nous ne fifmes rien qui vaille:
[Témoin Mezance qu'on perdit
Au premier combat que l'on fit ;
Et Camille en l'autre meflée,
Qui fut rudement enfilée,
Et qui fes bragues y laiffa:
Vous fçauez ce qui s'y paffa,
Et comment ladite Camille,
Cette noble & vaillante fille
Plus guerriere qu'vn grand guerrier,
Y perit fans vouloir quartier.]
Bref, nous n'auons vû que carnage,
Nous n'auons reffenti qu'outrage,
Le Tibre eft encor chaud du fang
Qui s'épancha de noftre flanc.
La plaine de nos os couuerte
Paroift bien plus blanche que verte,
Et loin de porter nos exploits,
Comme nous penfions autrefois
Iufques aux bouts de l'Italie,
Cet efpoir n'eft plus que folie,
Il n'eft auiourd'huy plus befoin
De vizer fi haut ou fi loin ;
A peine, en cet Eftat funefte,
Sauuerons-nous ce qui nous refte.
Mais où va ce raifonnement ?
Pourquoy tant d'éclairciffement ?

Voyez la premiere bataille où Mezentius fut tué, l. 10. de l'Eneide.

L'autre, où Camille fut auffi tuée, l. 11. de l'Eneide.

Ma fille (& cela vous suffise)
A deux ne peut estre promise.
Abregeons ce long entretien,
Amy Turnus, car aussi bien
S'il nous est du tout necessaire,
(Au cas que Mars vous soit contraire)
De ioindre les Troyens à nous,
Ne seroit-il pas bien plus doux
Maintenant, au lieu de vous battre,
Et de faire le Diable à quatre,
Pendant que vous estes viuans,
De finir tous vos differends ?
Ie n'y voy point le mot pour rire;
Si vous aliez auoir du pire,
Les Troyens & les Rutulois,
Vous voyant aux derniers abois
(Le bon Dieu pourtant vous en garde)
Diroient tous, que ie vous hazarde,
Et que, par grande trahison,
Ie vous expose sans raison
A la turie & au carnage,
Pour empescher le mariage.
Mais sans considerer cela
Songez pour mettre le hola,
Et n'en point venir aux rapieres,
Que les armes sont iournalieres:

Quoy

GOGVENARD.

Quoy que vous soyez fort & preux,
Vous pouuez estre malheureux,
Et le Roy Daune vostre pere,
Qui dans Ardea fait grand' chere,
Ce bon vieillard ne viuroit pas,
S'il apprenoit vostre trépas.

Ainsi prônoit-il à merueilles,
Mais Turnus hochoit les oreilles:
Car le discours & le conseil,
Au lieu de seruir d'appareil
Au feu qui deuoroit son ame,
Iettoit de l'huile sur la flame:
La raison luy trouble l'esprit,
Et loing de l'adoucir, l'aigrit:
Il se tremousse, il se démeine,
Et ne souffroit qu'auecque peine,
Latin qui discouroit ainsi,
Car il vouloit parler aussi.
Donc, pour conter ce qui le touche
Ainsi parla-t'il de sa bouche;
.. De sa bouche, & non de son nés,
(.. Comme bien vous le deuinés.)
.. Vn autre d'vn' humeur plus fiere
.. Sans doute eust parlé du derriere;
.. Peut-estre du coude ou des yeux,
.. Mais, afin de s'exprimer mieux,

Ardea ville capitale du Royaume des Rutulois, où estoit pour lors le Roy Daunus pere de Turnus.

Vt primùm fari potuit sic incipit etc.

B

VIRGILE

De sa bouche il rompt le silence
Aussi-tôt qu'il eut audience;
Et dit, au Seigneur Latinus,

Replique de Turne au Roy Latin.
Tous ces discours sont superflus,
Ne vous donnez pas tant de peine,
Vous pourriez gagner la migreine;
A quoy sert de tant discourir,
Laissez-moy combatre & mourir:
Ce n'est pas que i'en aye enuie,
Car ie ne hay pas tant la vie.
Et puis pour le dire en vn mot,
Lors que ie darde vn iauelot,
Quand i'ay dans la main vn' épée,
De fin acier & bien trempée,
Ie donne, sans estre hableur,
Plus de la moitié de la peur :
Et ceux qui m'ozent entreprendre
Sont enfin contrains de se rendre,
Ou sont par mon bras terrassez,
Souuent morts, et toûiours blessez.
Auparauant qu'il se hazarde,
Qu'il y prenne quatre fois garde,
Ou du moins qu'il se tienne bien
Ce vaillant Monsieur le Troyen.
Sans doute il n'y gaignera gueres,
Nous luy taillerons des croupieres;

GOGVENARD.

Il n'aura pas, l'Enfant gasté,
Toûiours sa mere à son costé,
Qui, pour le sauuer du carnage,
Luy feroit habit de nuage,
[Comme elle osa faire autrefois
(Mais elle en eut bien sur les doits)
Alors qu'elle vint à son aide,
Pour le cacher de Diomede.]
  Ainsi chacun d'eux contesta,
Et la bonne Reine Amata,
Qui pour Turnus auoit attaché,
Pleuroit alors comme vne vache :
Son sang s'émeut, le cœur luy bat
A ce nouueau bruit de combat ;
(Car elle le vouloit pour gendre)
Et pour luy mieux faire comprendre
Le déplaisir qu'elle en ressent,
Turnus, dit-elle en l'embrassant,
Si tu n'és plus dur qu'vne souche,
Ou si quelque pitié te touche,
Par l'honneur de nostre Maison,
Ces pleurs répandus à foison,
Par mon deüil & par ma vieillesse,
Par le desespoir qui me presse,
Toy que i'ay pris pour mon support,
Toy qui fais ma vie ou ma mort

Homere parle amplemēt de cette industrie dōt Venus se voulut seruir en faueur d'Enée son fils, pour le dérober des yeux de Diomede. Hom. l. 5. de l'Iliad & Virg. l. 10. de l'Æneid.

Amata femme de Latinus & mere de Lauinie.

Elle parle à Turnus.

> *Toy, dis-je, par qui ie respire,*
> *Qui fais l'honneur de cet Empire,*
> *Et sans qui le païs Latin*
> *N'aura qu'vn malheureux destin,*
> *Toy qui soûtiens nostre famille,*
> *Toy que ie destine à ma fille,*
> *Laisse-là ce Prince Troyen,*
> *Ne me refuse pas ce bien ;*
> *C'est pour moy que ie le demande,*
> *Et c'est pour moy que i'apprehende :*
> *Car le succez bon ou fatal*
> *Pour nous deux est vn coup égal,*
> *Ne croy point que ie te survine,*
> *Et que ie demeure captiue,*
> *Triste, plaintive, & sans honneur,*
> *Soûmise au pouuoir d'vn vainqueur*
> *Que le sort aura fait mon gendre ;*

Aussi fit elle peu de temps apres Lavinie fille de Latinus & d'Amata. Venilia & Amata étoiét sœurs, & Turnus étoit fils de Venilia cui Pilumnꝰ auus cui Dia Venilia mater. l. 10. de l'Eneid.

> *I'aimerois autant m'aller pendre ;*
> *Ah ! que cela n'arriue pas !*
> *A cett'heure ils parloient tout bas :*
> *Et Lavinie en doleance*
> *Iugeant bien que la Conference*
> *De la Tante auec le Neueu*
> *N'estoit pas sans la mettre en jeu,*
> *S'emût comme fille bien sage ;*
> *Le rouge luy monte au visage ;*

GOGVENARD.

Et ce beau moment de pudeur
Luy rend le tein d'vne couleur
Qui represente à ma memoire
Le vermillon dessus l'iuoyre,
Ou l'éclat que rend vn beau sang
Répandu sur du satin blanc :
Ou bien son teint estoit de mesme
Que des fraizes dans de la cresme,
Ou des rozes parmi des lis.
" Les visages les plus jolis
" Prés du sien eussent paru fades,
" Comme des visages malades :
" Son teint éblouïssoit les yeux,
" C'estoit vn morceau pour les Dieux.
" Car sans cette grace nouuelle,
" Elle estoit diuinement belle ;
" Son poil moins chatain que cendré,
" Comme de luy-mesme poudré,
" Ne paroissoit sur son visage,
" Que pour y faire vn peu d'ombrage.
" Ses yeux fendus iettoient des feux,
" Et sa bouche (grande comme eux)
" Vst fait, tant elle estoit petite,
" Trois morceaux d'vne noix confite.
" Son sein, où repose l'amour,
" Et ses bras, comme faits autour,

B iij

" Estoient d'une blancheur extresme,
" Ses belles mains estoient de mesme,
" Grasses, longues, & l'on voyoit
" Des trous au haut de chaque doit.
" Elle auoit l'air d'Imperatrice,
" Et sa taille, sans artifice,
" Sans liege caché, ny patins,
" Auec de simples escarpins,
" Estoit toutesfois des plus belles
" Qu'on en voye dans nos ruelles.
" Bref, le Ciel ne fit rien d'égal,
" Et c'estoit vn original
" De la beauté la plus complette.
" Au reste elle estoit saine & nette,
" Elle estoit propre tout a fait,
" Et ne sentoit point le gousset.
" Son haleine estoit douce & saine,
" Sans rien sentir (car pour l'haleine
" Elle ne peut sentir meilleur
" Que quand elle n'a point d'odeur.)
" Elle auoit les dents égalées,
" Petites, nettes & perlées,
" Blanches comme ie ne sçay quoy,
" Bref les dents blanches comme moy :
" Excusez, si ie suis superbe,
" Et si ie m'erige en prouerbe,

GOGVENARD.

« Mais peut-estre qu'auec raison
« J'ay fait cette comparaison.
« Baste, si quelqu'vn en veut rire,
« C'est le but qui me fait écrire ;
« Et ie ne pretends pas aussi
« Qu'on rechigne en lisant cecy.
« Mais reuenons à Lavinie,
« Et sans parler de son genie,
« Non plus que de sa chasteté :
« Adioustons que cette beauté
« Dans l'aimable siecle où nous sommes
« Auroit bien fait mourir des hommes.
« Car les Toussis & les Beuvrons,
« Les Sullys & les Mombazons,
« Les Cheureuzes, les Longueuilles,
« Les Chatillons, les Laviévilles,
« Les Dorgeval, les Manicans,
« Les Launay-grauez, les Gondrans,
« Et les plus belles de nostre âge
« Ne peuuent l'estre dauantage.
« Que de vœux & combien de tours
« Ne feroit-on point dans le cours
« En voyant passer cette belle !
« Chacun composeroit pour elle ;
« D'Assoucy luy feroit des vers,
« Lambert luy chanteroit des airs :

" Au lieu d'vne seule courante
" Constantin en feroit quarante,
" Dont, pour acquerir du renom,
" Quelqu'vne porteroit son nom,
" Et bien souuent en compagnie
" On danseroit la Lavinie,
" Comme la Pavane autrefois :
" Et l'on quitteroit pour ce choix
" Les Tricotets & grand' Guenipe,
" Ou Madame de Queruer pipe,
" Et les Petits sots de ce temps
" Qui font tant remuer les Grands :
" Car cette beauté signalée
" Seroit de chacun regalée ;
" Elle auroit de fort bons cadeaux,
" Tous les iours des bijoux nouveaux,
" Le plus souuent quelqu'ambassade ;
" Tous les soirs vne serenade,
" Et tous les matins vn bouquet ;
" Elle auroit eu le Tabouret,
" Sans voir opposer la Noblesse
" A l'honneur de sa noble fesse,
" Et n'auroit pas moins eu le Bal
" Que nostre belle d'Orgeval.
" Bref, la Diuine Lavinie
" L'eût emporté sur Vranie,

Malgré

GOGUENARD.

„ Malgré Messieurs les Vranins,
„ Et la Secte des Iobelins.
„ Elle eust fait Party dans la ville,
„ Et Sarazin cet homme habile
„ Eust sans doute Lauinizé
„ Au lieu d'auoir Vranizé.
„ Mais c'est trop, tréve d'Vranisme,
„ Cette Secte approche du Schisme ;
„ Lavinie est mon seul objet :
„ Or reprenons nostre sujet.
Turnus, qui la voyoit si belle,
Tenoit les yeux fichez sur elle ;
Qui, bien loin de le détourner
De combattre & de déguaisner,
Augmenta beaucoup son courage ;
Et sans retarder davantage
Il parle à la Reine en trois mots,
Cessez, dit-il, ces vains propos,
Trefve de presage & de larmes,
Car il me faut prendre les armes :
Mon sort est enfin arresté,
Et n'est plus en ma liberté.
Ho-la-ho! va, dépesche, vole,
Idmon, va-t'en porter parole
A ce Roy qui tremble de peur,
Nous allons voir s'il a du cœur.

Idmon.

C

Dis-luy qu'au leué de l'aurore,
(Et s'il se peut plutost encore)
Ie me trouve en ce champ demain
Auec bonnes armes en main.
Là nous terminerons l'affaire,
Sans qu'il soit du tout necessaire
Que mes soldats, ou que les siens,
Les Rutulois & les Troyens
Exposent leur sang & leur vie:
Puis qu'il y va de Lavinie,
Puisque seul ie veux l'acquerir,
Ie veux seul ou vaincre, ou mourir.

  Idmon, la parole donnee,
Couroit déja devers Ænée,
Turnus entre au Palais Royal,
Où ses gens, au moindre signal,
Tirent cheuaux de toute taille,
Mais sur tout, cheuaux de bataille,
Blancs comme la neige, & plus blancs,
Cheuaux plus vistes que les vents,
Donnez jadis par Orithie
Par present (& sans garantie)
A son grand-pere Pilomnus,
C'est de là qu'ils estoient venus.
[Mais, Histoire ou Fable, il n'importe,
S'il n'est pas vray, ie m'en rapporte.]

<small>Pilomnus grand-pere de Turnus. cui Pilumnus Auus cui diua Venilia mater l 10. de l'Eneid.</small>

GOGVENARD.

Il prenoit un fort grand plaisir
Tant à les voir, qu'à les ouyr,
Bondir, hennir, faire courbette,
Sauter sans verge ni baguette;
Ouurir, en jettant mille feux,
Les nazeaux, la bouche & les yeux,
Pendant que les valets d'eſtable
Leur frottoient l'échine & le rable,
Et les irritoient ſous la main,
Et puis les reflatoient ſoudain,
Palpant doucement l'ancolure,
Qu'vne admirable cheuelure,
Autrement le crin, decoroit,
Car iuſques aux pieds il pendoit.
.. Dans cette ſoigneuſe reuuë
.. On ne trouua ny cloud de ruë,
.. lauard, malandre, ny ſureau;
De ſorte que fort bien & beau
Il fait faire un digne étalage
Du reſte de ſon équipage,
Eſſaye ſon harnois encor
Maillé d'vn cuiure blanc & d'or,
Vn Page luy met ſur la teſte
Son pot d'acier à rouge creſte:
Il met le bouclier à la main
Comme pour ſe battre ſoudain,

C ij

VIRGILE

Encore bien que la corvée,
Fut au lendemain reservée,
Ainsi qu'il estoit arresté :
On luy met l'épée au costé,
Mais vne flamboyante épée
Jadis dans l'eau du Styx trempée,
<small>Daunus Roy des Rutules pere de Turnus.</small> Ou, pour Daunus, le Dieu Vulcain
Auoit luy-mesme mis la main,
Afin qu'elle fust bonne & belle :
.. Au reste d'vn si beau modele ;
.. Que ny Marthorey, ni Petit,
.. Auec leur vogue & leur credit,
.. Sans y donner vn soin extresme,
.. N'en pourroient faire vne de mesme,
.. Malgré tous leurs nouveaux Patrons
.. Et leurs belles inuentions.
Aussi faloit-il que l'ouvrage
Ne sentît point l'apprentissage,
Estant fait pour le Roy Daunus,
De la façon de Vulcanus.
Il prend donc cet' épée en somme,
Qui iamais ne trompa son homme,
Et détache d'vn hault pilier,
A costé du grand escalier,
Vne Picque longue & pezante,
Que son bras fort rendoit tremblante,

GOGUENARD.

Et qu'il auoit prize autresfois
Au fameux Actor Aronçois.
Cette Picque en main, il s'écrie,
O! Picque soûtien de ma vie!
Picque, instrument de mes souhaits,
Et qui ne me manqua iamais!
Picque, qui fis tant de carnage,
Seconde auiourd'huy mon courage!
Il faut bien prendre vn autre essor,
Tu n'és plus dans la main d'Actor;
Quoy qu'il fut grand homme de guerre,
Et qu'il eust mis cent preux par terre:
C'est Turnus plus vaillant que lui
Dont le bras te porte auiourd'huy.
Fay que mon Riual ie terrasse,
Et que i'arrache sa cuirasse,
Encor que sans beaucoup d'effort
Ie puisse bien l'étendre mort.
Il est encor bien plus à plaindre,
Qu'à mon auis il n'est à craindre,
Quoy cet effeminé guerrier,
Qui n'est pas homme tout entier,
Et qui tient bien plus de la femme,
[Car il en a la teste & l'ame,
Et ie ne sçay s'il ne l'est pas
De la ceinture iusqu'en bas]

Aronçois, ou Auronçois de nation. Arōçois Anciens peuples d'Italie.

C iij

Quoy, dis-je, ce lasche, ce traistre,
Feroit icy du petit maître;
Ce fanfaron, cet homme vain,
Pourroit échapper de ma main!
Non, il a beau leuer la creste,
Ie luy veux bien lauer la teste,
Quoy que desja ses beaux cheueux
Soient frisez, & bouclez des mieux,
Parfumez & pleins de pommade;
Fault pourtant qu'il en ait l'aubade:
Et que d'ailleurs ce beau garçon
Reçoiue encor vne façon.
Ie veux poudrer sa cheuelure,
Et des mieux épicer sa hure
Dans la poussiere & dans son sang;
Ie luy veux déchirer le flanc,
Et rendre ma rage assouuie
En luy faisant perdre la vie.
 Ainsi paroissoit sa chaleur,
Son visage estoit en couleur,
Il en sortoit mille estincelles,
Et ses yeux estoient deux chandelles
Qui iettoient & flammes & feux.

COMPARAI-
SON.
De mesme qu'vn taureau fougueux
Auparauant que de combatre
Mugit, & fait le Diable à quatre;

GOGVENARD.

Se virant derriere & deuant,
En combattant contre le vent;
Et mettant sa corne à l'épreuue
Contre le premier tronc qu'il treuue,
Pour beaucoup de poudre & de bruit,
Croit auoir fait beaucoup de fruit.
Ainsi preuoyant tel encombre
Turnus se bat contre son ombre.
Eneas d'vn autre costé,   Enée.
Sans tant faire de l'éventé,
Quoy qu'il eust l'esprit bien alerte,
Suit la condition offerte;
Et par vn combat esperant
Bien-tost finir le different,
Prend les armes tout en colere,
Qu'autrefois Venus luy fit faire,
Venus Madame sa maman,
[Que ce soit Histoire ou Roman]
Et fit faire alte à son armee
Sans cesse aux combats animee,
Appaise la peur d'Iülus   Iülus fils
Qui n'estoit des plus resolus   d'Enée.
Et dont l'ame par trop esmuë
Craignoit vne mauuaise issuë:
Il l'instruit donc de son destin,
Et puis despesche au Roy Latin,

VIRGILE

Gens dont il auoit assurance,
Qui par forme de conference,
Fissent vn bon traité de paix
Que l'on ne violast iamais.
   Le lendemain chacun s'apreste,
Les deux partis se font de feste,
Et, dés le leué du Soleil,
Commencent leur grand appareil.
Ils conuiennent d'vn lieu facile
Derriere les murs de la Ville,
Pour le rendez-vous de ces Preux:
.. Comme derriere les Chartreux,
.. Ou bien dans le bois de Boulogne,
.. Où l'épée en main l'on se cogne;
.. Quoy que par cent Arrests rendus
.. Tous les Duels soient defendus.
.. Mais, que voulez-vous, la milice
.. A peu d'égard à la police :
.. Ce malheur dure & durera,
.. On se battit, on se battra;
.. Quoy que certain d'humeur gaillarde,
.. S'il n'esperoit d'auoir vn Garde,
.. Ou d'estre à l'instant accordé,
.. N'auroit par fois pas tant grondé.
.. Trefue de ces preux à la mode;
On conuient donc d'vn lieu commode,

Derriere les murs de Laurente, ville capitale des Latins.

Où,

GOGVENARD.

Où, tout d'vn accord, ces guerriers
Aux Dieux Communs font des foyers,
Et de rameaux & de feüillage,
Afin de faire vn peu d'ombrage,
Ornent leurs Autels de gazon
Auec de la mousse à foizon.
Ils apportent, dans cette plaine,
L'vn du feu, l'autre eau de fontaine;
Les vns auec certains haillons
Dont ils faisoient des cotillons,
D'autres ornez d'vne guirlande
De millirault ou de lauende,
,, Gesticuloient comme des fous,
,, Et se tremoussoient deuant tous;
,, Ainsi que font des mascarades,
,, Qui vont faire quelques gambades,
,, Ou qui vont porter vn momon.
   Apres cet appareil boufon,
Aussi-tost sortirent des portes
Les Italiennes cohortes;
Les Troyens & les Tirrhenois,   Tirrhenois
Qui, selon leur ordre & leurs loix,   ou Hetru-
Tant les drilles que la Noblesse   riens peuples
Estoient armez de toute piece,   d'Italie.
Tous pour prendre des regardeaux,
Comme pour ioüer des couteaux.
                    D

Dans le gros & parmy la foule,
Chefs, qui n'auoient le cœur de poule,
[Quoy qu'ils eussent plumes de coc,]
Comme tous prests d'aller au choc,
Voltigeoient d'vne belle audace.

<small>Mnesthe & Azylas deux Chefs de l'armée d'Enée.</small> *Là Mnesthe, du sang d'Assarace,*
Le fort & vaillant Azylas
Parut auec son coutelas:

<small>Messape vn des Chefs de l'armée de Turnus.</small> *Item, le valeureux Messape*
Toûjours armé de pied en cape,
Qui sçauoit dompter les cheuaux,
.. (Mieux que Delcampe ou que Deuaux,)
Il tiroit sa naissance insigne
Du Dieu Neptune en droite ligne.
.. (Au moins ainsi qu'on nous le dit,
.. Et qu'on l'a laissé par escrit;)
.. Qui veut sçauoir l'histoire entiere
.. S'en aille consulter d'Oziere,
.. Il sçaura par quelle raison
.. Messape est de cette Maison:
.. Ie n'en diray pas dauantage.
Ces Chefs donc en bon equipage,
Aduantageusement montez,
Vestus de pourpre & clincantez,
De mine entre-boüillans & graues,
Parurent vigoureux & braues

GOGVENARD.

Comme des lapins écorchez.
Les vns estoient empanachez ;
Et quelqu'autre vn peu folastre,
Estoit en vray Roy de Theatre,
Vestu comme est par fois Hazar,
Ou Baron, quand il fait Cezar.
Plus, autres Chefs en houpelande,
Non compris en cette legende :
Autres, ayans pour tous atours,
Buffles à manches de velours.
   Ils se rengent tous en bataille,
Non pas fort loin de la muraille,
[Afin que tous les habitans
Pûssent mieux voir les combattans.]
Au premier signal qui se donne,
Loing de voir deguainer personne,
Ils mettent tous les boucliers bas
Tant Capitaines que Soldats,
Et fichent leurs picques en terre,
N'estans point venus pour la guerre,
[Mais, pour regarder seulement ;
Ou pour (en tout éuenement)
Combattre, s'il le falloit faire,
Par vn ordre au premier contraire,
Vn hazard, vn mal entendu,
Ou par vn cas non attendu.]

Il auoit dit plus haut Sedeant spe-ctensque Latini.

Soudain les femmes & les filles
Quittent leur fil & leurs aiguilles,
Et les enfans & les vieillars
Accoururent de toutes pars,
Voulans, nonobstant tout obstacle,
Auoir part à ce beau spectacle.
Les vns, afin de les voir mieux,
Venoient hardiment sur les lieux :
Les autres, moins hardis peut-estre,
Mettoient la teste à la fenestre :
Quelques-vns sur des toits perchez,
Et d'autres sur des tours nichez,
Vouloient, au peril de leur vie,
Voir iouër cette Tragedie.
.. Ainsi que firent nos Bourgeois,
.. Pour voir passer les Polonois.
.. Ou, quand des tours de la Bastille,
.. La Matrone auecque sa Fille,
.. Les Presidents, & tous Messieurs,
.. Vulgairement nommez Frondeurs,
.. Leurs Clercs, dis-je, leurs Secretaires,
.. Les Marchands & les Harangeres,
.. Virent reuenir tout Paris
.. De Charenton, qu'on auoit pris.
.. Charenton, qui (par parenthese)
.. Mit Clanleu fort mal à son aise,

GOGUENARD.

Attendu que le grand Condé,
Qui fit du Frondeur vn Frondé,
Pour prevoir à toute rispoſte,
S'eſtoit ſaiſi du meilleur poſte,
Où l'on ne ſeroit point allé
Si ce n'eſt par vn défilé;
(Comme la choſe eſt tres-notoire)
Mais faiſons trefue de l'Hiſtoire
Des Paris & des Charentons,
Et reuenons à nos moutons.
 Pendant toute cette affluence,
Deſſus le haut d'vne eminence
Qui n'auoit point encor de nom,
Parut la Deeſſe Iunon;   *Iunon.*
Qui, ſuiuant ſes fourbes anciennes,
Voulut encor faire des ſiennes;
Et de ce mont, lors ſans parrain,
Depuis ſurnommé Mont-Albain,
Sans ſe faire voir, examine
L'armee & Troyenne & Latine,
La campagne & la ville auſſi;
Et conſiderant tout ainſi,
Veut combatre comme les Parthes,
Et pour Turnus broüiller les cartes,
Car les rieurs en verité
N'eſtoient pas lors de ſon coſté :

VIRGILE

Pour luy, sans se rendre visible,
Elle faisoit tout son possible;
Donc, la Deesse en sa faueur
Entretient Madame sa sœur;
Mais, Madame! ce nom la blesse,
Car elle estoit aussi Deesse,
Et regnoit, dit-on, en ce temps,
Sur les fleuues & les Etangs:
Iupin la mit en cét étage,
Pour auoir eu son pucelage;
[Car il n'escroquoit nullement,
Puis qu'il baizoit si cherement,
Eleuant iusqu'à l'Empyrée
Celle qu'il auoit deflorée,
Ou derobee à ses Parens.]
.. Ie croy que Monsieur Miderans
.. Auoit appris à son école;
.. Car loing de payer de bricole,
.. De poin-de-Genne, ou de bijoux,
.. De cadeaux, ou de citrons doux;
.. De garnitures, de pommades,
.. De violons, de serenades,
.. Rubans, étoffe, & cætera;
.. Au lieu, dis-je, de tout cela,
.. Par où se prennent les plus fieres,
.. Il donnoit des Maisons entieres,

Iuturne nymphe des Fleuues & Etangs, sœur de Turnus.

,, *Et pour vne nuit seulement,*
,, *Il fournissoit l'emmeublement.*
,, *Pour peu qu'vne Dame eust d'adresse*
,, *Elle en tiroit mainte largesse,*
,, *Vn, deux, trois, quatre mil écus,*
,, *De fonds; par fois de reuenus:*
,, *Bref son ame estoit liberale,*
,, *Et sa main estoit sans égale,*
,, *(I'entends pour donner seulement,*
,, *Et ne l'entends point autrement,)*
,, *Encor n'estoit-ce rien qu'aux belles,*
,, *Car ce Iupiter des ruelles,*
,, *Ce fameux Patron des Ribaux*
,, *Cherchoit les objets les plus beaux,*
,, *Si bien qu'apres la iouissance,*
,, *(S'entend, grace à dame finance)*
,, *D'aucuns visages precieux,*
,, *Il les éleuoit iusqu'aux Cieux,*
,, *Vne belle personne gueuse*
,, *Luy paressant chose monstrueuse.*
[*Ie reuiens à Dame Iunon,*
Et finis ma digression.]
Iunon parle à la sœur de Turne
Qu'on appelle Dame Iuturne,
Que Iupiter ce grand Rufien
Auoit; vous m'entendez fort bien.

VIRGILE

Discours de Iunon à Iuturne.

Nymphe, ma Nymphe, luy dit-elle,
Dont l'onde est plus saine & plus belle,
Que tous les Fleuues d'alentour,
Nymphe, que ie cheris d'amour :
Sans doute vous aurez memoire,
Que lors que vous eustes la gloire
De perdre, auecque Iupiter,
Ce qu'une fille, à tout conter,
A quinze ans ne garde qu'à peine,
Ie n'eus point contre vous de haine :
Quoy que ie vis auec douleur
Receuoir ce plaisant honneur
A certaines Dames Latines,
Qui furent de ses Concubines,
Ie vous fis placer dans le Ciel
Sans en témoigner aucun fiel :
Or, Nymphe, comme ie vous aime,
Mais d'une passion extresme,
Ie vais vous apprendre en vn mot,
Sans tourner à l'entour du pot,
Toute l'affaire qui se brasse,
Et le malheur qui vous menasse.

 Tout alloit fort bien, Dieu mercy,
Et vous auez veu, iusqu'icy,
La fortune & les destinees
En vostre faueur obstinées :

Le

GOGVENARD.

Le Païs, la Ville & Turnus
Ont esté par moy maintenus;
Maintenant mon ame affligée
Voit toute la Scene changée;
Turnus, heureux auparauant,
Chasse auiourd'huy de mauuais vent;
Ouy! ie tiens sa perte concluë,
Ie n'y voy point de bonne issuë,
Et i'ay peur que ce iouuenceau
Ne tombe enfin dans le panneau;
Si ce n'est que par artifice
Vous l'empeschiez d'entrer en lice,
Encor est-il bien hazardeux,
Vn bon auerti en vaut deux.
Quant à moy, quoy qu'il en arriue,
Soit qu'il succombe, ou qu'il suruiue,
Ie n'assiste point au combat,
Non plus qu'à leur beau Concordat.
C'est assez, & ie me contente,
N'y pouuant pas estre presente,
De vous auertir seulement
De ce sinistre éuenement.
Ne laissez pas pourtant, ma chere,
De trauailler pour vostre frere,
Car peut-estre aura-t'il plus d'heur,
Et son sort deuiendra meilleur.

E

Iunon finit; & tout à l'heure
Iuturne se tourmente & pleure,
Frappant, mais sans se faire mal,
Sur son honneste pectoral.
Mais Iunon, comme elle est ruzee,
Pour luy rendre la chose aizee,
Reprit, auant que demarer:
Ce n'est pas le temps de pleurer,
Sans vous attrister dauantage,
Sans gemir & perdre courage,
Tâchez de rompre le combat,
Vous ferez vn grand coup d'Estat;
Et quelqu'assaut que doiue faire
Eneas contre vostre frere,
A la barbe des deux partis,
Sans pouuoir estre diuertis;
Faites si bien que leur armee
Soit de part & d'autre animee;
Et que tous Latins & Troyens,
Se chamaillent comme des chiens.
S'il arriue que la partie
Soit en bataille conuertie,
Turnus esquiuera bien mieux,
Et son sort sera plus heureux:
Vous estes assez auizee
Pour bien mesler cette fuzee;

GOGVENARD.

Mais si vous craignez du dessous
Ie veux l'entreprendre pour vous.
 Iunon apres cette parole,
Laissa Iuturne à demy-fole,
Dans la tristesse & le soucy,
Ne sçachant que faire en cecy
Pour bien exciter le tumulte;
Partant à part elle consulte,
Quoy qu'assez precipitamment;
Et certes en cet empressement
Elle auoit bien martel en teste:
 Cependant le combat s'apreste,
Et du Camp sortent les Trois Rois,
.. *Non pas ces trois Rois d'autre fois,*
.. *Qui, comme nous entendons dire,*
.. *Porterent Or, Encens & Mirrhe,*
.. *Mais (car ils estoient incognus)*
Eneas, Turnus, Latinus.
Latinus en grande bombance,
Comme faisant plus de dépence,
Dans vn char à quatre cheuaux
Des mieux choisis & des plus beaux
Parut le premier en la plaine
Des murailles la plus prochaine:
Pour marque qu'il vient du Soleil,
Il auoit le riche appareil

    E ij

Latinus, Turnus, & Eneas paroissent dans la place, & deuant les Autels proposent les Loix que peuuent imposer les vainqueurs, & que doiuent subir les vaincus.

Latinus.

Circé mere de Latinus estoit fille du Soleil.

D'vne Couronne bien dorée,
Et de douze raiz decorée.

Turnus.
Turnus, les yeux étincelans,
Sur vn Char à deux cheuaux blancs,
[Eſtant moins aiſé pour combattre,
S'il euſt eſté tiré de quatre ;]
Portoit deux bons dards à la main,
Car il venoit auec deſſein.

Eneas auec ſon fils Aſcanius.
D'ailleurs Eneas le bon-homme,
(De qui tout l'Empire de Rome
Deuoit tirer ſon fondement,
Et ſon premier commencement)
Venoit auec ſon fils Aſcane
Qui ne faiſoit point de la cane,
Mais qui marquoit deuoir vn iour
Souſtenir l'Empire à ſon tour.
Il n'auoit point, le bon Enée,
Si fort la mine effeminée,
Quoy qu'en vouluſt conter Turnus,
Sinon qu'il tenoit de Venus
Ses belles & diuines armes,
Car ſon Bouclier rempli de charmes,
Et qui iettoit éclairs aux yeux,
Venoit du Forgeron des Dieux,
& n'eſtoit pris à l'auanture.
A peu prés en cette poſture,

GOGVENARD.

En cet éclat, en ce minois,
Parut ce beau Tricon de Rois,
Chacun auecque sa Sequence,
[Et dans si peu de difference,
Qu'on n'eust pas dit, dans cet affroc,
A qui Lavinie estoit Hoc.]
Aussi-tost, pour le Sacrifice,
Le Prestre en Robbe blanche & lice,
S'en vient chargé d'un Agnelet,
Et d'un petit Cochon de lait;
Du feu de l'Autel les approche,
[Comme pour les mettre à la broche.]
Et nos Rois, nommez ci-devant,
Tournez vers le Soleil Leuant,
Sur ces Victimes étalées
Appliquent leurs Pâstes salées,
[Moles, pour autrement parler,
C'est d'où vient qu'on dit Immoler]
Et puis, sur le haut de la teste
Vous marquent l'vne & l'autre beste,
Et vous leur effleurent la peau
Auec le trenchant du couteau
Depuis le front iusqu'à la croupe;
Et lors (chacun prenant la couppe,
Et de vin moüillant les Autels)
Font dire, Toppe! aux Immortels.

Appareil du Sacrifice.

Le Prestre apporte vn Aigneau & vn Cochon de lait.

Cette Pâste salée ou gasteau estoit appellée anciennement MOLA SALSA.

E iij

VIRGILE

Enée commēce sa priere ou sa harangue, & deuant les Autels, inuoque

Enee, apres cette grimace,
Eleue les yeux & la face,
Et l'épee hors de son fourreau,
Mieux qu'vn Aduocat au barreau
Sagement déploye sa langue,
Et commence ainsi sa harangue.

Le Soleil

Vnique Autheur de nostre bien!
Oeil, sans qui nostre œil ne voit rien,
Soleil, qui toutes chozes lorgnes,
[Qui n'és point du nombre des borgnes,
Encor que tu n'ayes qu'vn œil]
Cognois auec combien de deüil,
Ie viens combattre en cette terre!

La Terre d'Italie.

Toy, pour qui i'ay tant fait la guerre,
Aymable Climat où ie suis,
Pour qui i'ay tant souffert d'ennuis!

Iupiter.

Vous, puissant Dieu, fils de Saturne!

Iunon.

Vous Iunon, qui desia pour Turne,
Comme pour d'autres auez fait,
Me pourriez iouër quelque trait;
Enfin pour moy deuenez bonne,
Ne soyez plus si Tiziphone!
Et si ne voulez m'obliger,
Au moins cessez de m'affliger!
Et vous, Puissant Dieu des Armees,

Mars.

Mars, brizeur de portes fermées,

GOGVENARD.

Qui pouuez d'vn seul tourne-main,
Détruire tout le genre humain!
Dieux des Fleuues & des Fontaines,   Les Dieux des Eaux.
Neptune, Tritons & Sireines ;
Diuinitez du Firmament,   Ceux du Ciel.
De l'Air, & tout autre Element,
Dieux maupiteux, ou pitoyables,   Ceux de l'Enfer.
Bons, ou mauuais ! bref, Dieux, ou Diables !
Soyez moy témoins pour iamais
Du vœu solennel que ie fais.
Deuant vos Autels ie proteste,
Mais par vn serment manifeste,   Conditions du Traité.
Que si Turnus est le vainqueur,
(Dont i'enragerois de bon cœur)
Les Vaincus soudain feront flandre,
Tournant vers la ville d'Euandre.
Qu'Iüles doublera le pas,
Et sortira de ces Estats,
Sans aucune esperance d'estre
Iamais icy Vassal ny Maistre ;
Qu'il sera sans pretention ;
Et, par mesme condition,
Nos gens quitteront cette Terre,
Sans iamais y faire la guerre,
Et sans y faire aucun effort.
Que si, par vn plus heureux sort,

Ie mets mon Rival en déroute,
(Comme il arriuera sans doute,
Estant indigne de vos biens
Si i'en iettois ma part aux chiens)
Ie me contente de la gloire
D'auoir remporté la Victoire;
Et n'entends pas que les Troyens
Commandent aux Italiens :
Au lieu d'affecter leur domaine,
Ou l'authorité souueraine,
Ie consens que tout soit commun,
Que ces deux Peuples ne soient qu'vn;
Que leurs desirs soient vnanimes,
Qu'ils ayent de mesmes maximes,
Et qu'ils soient, estans ioints tous deux,
A tout iamais victorieux.
Et d'autant, quoy qu'on veüille dire,
Que tout Estat & tout Empire,
Sans Dieux & sans Religion,
Ne vaut pas le moindre bouton;
Ie veux par de pieux offices
Introduire nos Sacrifices,
Nos vœux, nos Temples & nos Dieux,
Pour faire prosperer ces lieux.
Ce seul soin sera mon partage,
Ie ne veux point d'autre heritage:

Car

GOGUENARD.

Car pour la Souueraineté,
Qui suit toûjours la Majesté,
Elle appartient à mon Beau-pere,
Et de bon cœur ie luy defere;
Latin aura, sans contredit,
Tout le pouuoir & le credit.
Seulement i'adiouste vne chose,
Qu'en ces Articles ie propose,
C'est, qu'auec toute liberté
Ie puisse faire vne Cité
Dans quelque coin de cette Terre,
Où, bien-loin d'y faire la Guerre, *Ils estoient pour lors en Italie.*
Ie veux occuper les Troyens
En faueur des Italiens;
Ils y bastiront vne Ville,
Pour estre vn eternel azile;
Qui, pour vn plus étroit lien,
Loin de tirer son nom du mien,
Ou de Troye, ou de Dardanie,
Prendra son nom de Lavinie. *Cette Ville fut nommée Lauinium. Du nom de Lavinie, qui fut femme d'Enée aprés la mort de Turnus. Harägue ou priere de Latinus qui atteste & prèd à témoin*
Enée en ces termes exprés,
Ou bien pour le moins à peu prés,
Debita deuant l'Assemblée,
Et dît ainsi sa ratelée.
  Latinus, reciproquement,
Fait à son tour mesme serment,

VIRGILE

Et tournant les yeux & le geste
Deuers le Royaume Celeste,
(Ainsi qu'vn faiseur d'Almanas)
Et moy, dit-il, Sire Eneas,
I'atteste les mesmes Puissances
Que vous donnez pour assurances,
Et qu'à present vous attestez,
Que i'entretiendray ces Traitez.

<small>Les Dieux des Eaux, La Nature.</small> *I'en iure par les Dieux de l'onde,*
Par l'esprit qui regit le monde :
<small>La Terre, les Cieux.</small> *Et par la Terre & par les Cieux,*
Par les Demons des sombres lieux ;
<small>Pluton & Proserpine. Le Soleil, la Lune. Iupiter.</small> *Par Pluton, & sa chere Brune,*
Par le Soleil, & par la Lune ;
Par Iupin, qui la foudre en main,
Nous deffend de iurer en vain.
<small>Ianus.</small> *Par Ianus à double viziere,*
Qui voit & deuant & derriere :
Bref, par tout ce qu'il vous plaira,
I'en iure, & nostre Paix tiendra.
Quelque part que tourne la chance,
Je m'engage sans resistance ;
I'en atteste les Immortels,
<small>Il estoit tourné deuant l'Autel.</small> *La main sur ces brûlants Autels ;*
Et sans vser de subterfuge,
Quand la terre par vn Deluge

GOGVENARD.

Seroit cent picques deſſous l'eau,
Où nageroit comme vn bâteau;
Quand tous les Elements en guerre
Confondroient le Ciel & la Terre;
Quand meſme le grand Iupiter
Seroit englouty dans l'Enfer;
Et quand toute choſe changee
Seroit de ſon lieu délogee,
Tout changeroit de haut en bas
Qu'enfin ie ne changerois pas.
Et comme ce Sceptre demeure,
(Car il en tenoit vn à l'heure)
Et qui plus eſt demeurera   COMPA-
Vn bois ſec, tant qu'il durera,   RAISON.
Sans porter ny fruits, ny feüillage,
Sans cauſer le frais, ny l'ombrage,
Sans produire vn ſeul rejetton,
Ni ietter le moindre bouton,
Ayant eſté de cette ſorte
Depuis que la ſeve en eſt morte,
& qu'il eſt hors de la foreſt
Enchaſſé d'airain tel qu'il eſt,
Et tel qu'il fût (Meſſire Enee)
Dans toute noſtre Maiſonnee,
Où maint Potentat, & maint Roy,
L'a long-temps porté deuant moy;

F ij

VIRGILE

De mesme mes vœux seront fermes,
Mes desseins n'auront point de termes,
Et ie ne changeray iamais
Le sacré propos que ie fais.
Ainsi ces Heros redoutables
En la presence des Notables,
Prenoient leurs resolutions,
& faisoient leurs Conuentions.

<small>On fait le Sacrifice, & l'on égorge l'Aigneau & le Cochon.</small>

Lors pour rendre le Ciel propice
On commence le Sacrifice ;
On vous enfonce le couteau
Dans la gorge d'vn ieune Aigneau,
Dont la laine fine & frizee
N'auoit iamais esté touzee ;
Et qui faisoit vne toison
.. Plus blanche, sans comparaison,
.. Qu'vne fourrure belle & bonne
.. D'vn nouueau Docteur de Sorbonne,
.. Ou que ces bichons de six mois
.. Si fort à la mode autrefois ;
.. Mais qui sont plus chiens que des dogues
.. Depuis qu'ils ont perdu leurs vogues,
.. Et que les petits épagneulx
.. Qu'on fait coucher dans des linceulx,
.. Les ont abaissé d'vne toise,
.. Contraints d'estre chez la Bourgeoise,

GOGVENARD.

,, De ne taster plus de biscuit,
,, De se coucher sans tour de lit,
,, Et mesme, ô sensible reproche!
,, Bien souuent de tourner la broche :
,, Car vn Bichon eut ce destin
,, Chez feu Monsieur de Barentin,
,, Où loin d'auoir mainte caresse,
,, Comme il souloit, de sa Maitresse,
,, Chargé de rubans & bijoux,
,, Il n'estoit chargé que de coups :
,, Heureux de lécher quelque écuelle,
,, Cependant que, dans la Ruelle,
,, Monsieur le petit Epagneul
,, A qui l'on faisoit tout l'accueil,
,, Refaisoit ses dignes babines
,, De confitures les plus fines,
,, Sans pain manger, ny blanc, ny bis,
Mais ie reuiens à ma brebis.
 Pour commencer ce sainct mistere,
On luy coupe la jugulaire,
Et tout soudain l'on verse vn peu,
De son sang tout chaud dans le feu.
Autant, par la mesme maxime,
En fait-on de l'autre victime.
On égorge comme vn poulet,
Vn innocent cochon de lait;

… Qui (tant est pitié qu'on le perde)
… N'auoit point encor mangé merde :
… Et dont le tendre & ieune groin
… Béguayoit en disant, oin-oin.
On vous leur tire les entrailles,
On prend & boudins & tripailles,
Martyrisant ces pauures corps
Auparauant qu'ils fussent morts.
… Ce qui fut plein de facetie,
… Est, que, pour auoir la vessie,
… Ascane mit bas son écu,
… Et s'en vint leur souffler au cu.
… Du moins la chose est-elle à croire,
… Je n'en ay rien leu dans l'Histoire,
… Mais par fois ce ieune garçon
… Aimoit à iouër au balon.
[Quoy qu'il en soit, Histoire, ou Fable,
(Il est pourtant bien vray-semblable)]
On les met en differents plats,
Comme pour en faire vn repas,
Et dessus l'Autel on les pose.

 Pendant tout cela, chacun cause,
Chacun selon son sentiment,
Quoy qu'en different mouuement,
Parle de l'Affaire presente ;
Quelques-vns prennent l'épouuente,

GOGVENARD.

Mesme Messieurs les Rutulois
Disent entr'eux à basse voix,
Qu'ils n'auront pas sujet de rire,
Et que Turnus aura du pire.
Ioint qu'y regardant de plus prés,
Ils l'auoient veu, dans ces Apprests,
Changer tout a fait de visage,
(Ce qui donnoit mauuais presage)
Et qu'allant adorer les Dieux
Il marchoit d'vn pas bien landreux,
N'ayant plus cette mine fiere
Qu'ils luy remarquoient d'ordinaire.
  Iuturne, qui les écoutoit,
Voyant que ce bruit s'augmentoit,
Et que ces Gens branloient au manche,
Se sert du temps, & fait la planche,
Entre elle mesme dans les Rangs,
Presche les plus indifferens,
Et, de peur d'estre découuerte,
Prend la figure de Camerte,
Afin d'auoir plus de credit :
Car cet homme, à ce que l'on dit,
N'estoit point de ceux que l'on bourre,
Mais de la derniere Bravourre,
Vn homme de haute Vertu,
Qui s'estoit maintesfois battu :

Iuturne sous la figure de Camerte hõme de haute naissance & grand Capitaine, exhorte les Rutulois, & les Latins à rõpre le Traité & liurer bataille pour empescher le duel de Turnus & d'Enée.

Homme, en qui l'humeur militaire
Estoit vn bien Hereditaire.
.. Comme nous dirions de nos iours,
.. Ou les Beauforts, ou les Harcours;
.. Saint-Aignan, Schomberg, ou Turennes,
.. Dont nos Histoires feront pleines ;
.. Et qui dans la Posterité
.. Feront bien voir, qu'ils ont esté.
Bref, il estoit grand Personnage,
Et ce fut deſſous ſon viſage,
Afin de faire plus d'effet,
Que ſœur Iuturne fit le trait.
En cette mine, en cette ſorte,
Elle paroit dans la Cohorte,
N'ignorant pas que cet inſtant
Estoit pour ſon but important.
Là, differents bruits elle ſeme
En faueur du Party qu'elle aime ;
Et, d'vn ton entre fier & doux,
Dit, Amis, à quoy ſongez-vous ?
Ne rougiſſez-vous point de honte,
De faire ainſi ſi peu de conte
De Turnus qui court au hazart,
Sans l'aſſiſter de voſtre part ?
A quoy nous ſeruent nos rapieres ?
A quoy ces contenances fieres?

Harangue de Iuturne ſous la figure de Camerte, aux troupes de Turnus.

Si nous

GOGVENARD.

Si nous ne luy seruons d'appuy,
Et ne combattons point pour luy?
Pouuons-nous, sans luy rendre office,
Le laisser entrer seul en lice,
Pour tant que nous sommes icy,
Si nous ne nous battons aussi?
C'est bien auoir peur de son ombre!
Soit en courage, soit en nombre,
Nos Ennemis n'ont rien sur nous,
Sus! sus! qu'vn genereux couroux,
Sans tant barguigner, nous anime,
Et nous face entrer en escrime!
Ils ne sont, en toutes façons,
Si méchans que nous les pensons.
Examinons-les, ie vous prie!
Ce sont quelques Gens d'Hetrurie,
Vne Troupe d'Arcadiens,
& des Fanfarons de Troyens.
Tous tant qu'ils sont, s'il faut combatre,
Se trouueront vn contre quatre;
Et quand nous serions tant à tant,
Nous en viendrons à bout pourtant.
Nous pouuons partager la gloire
Que Turnus pretend dans l'Histoire:
Car quand il tomberoit à bas,
(Ce que Dieu ne permette pas)

G

VIRGILE

Toûjours l'entreprise est si belle,
Que la gloire en est immortelle;
Si que les petits & les Grands
Chanteront iusqu'à dix mille ans,
Comme vne chose nompareille,
Que Turnus seul a fait merueille.
& nous, pauures gens abusez,
Qui sommes icy bras croisez,
Tant les Latins, que les Rutules,
Nous passerons pour ridicules,
Si nos Terres & nos Païs
Sont par Eneas enuahis:
& sous le pouuoir tirannique
D'vn Roy de nouuelle fabrique
Nous viurons comme des captifs:
Rendez-vous donc à ces motifs!
& ne tardez pas dauantage
A vous sauuer de l'esclauage!

Ce discours ne fut pas sans fruit,
Cette harangue fait changer de pensée aux Latins, qui commence tous à vouloir combattre.
Il fait par tout faire grand bruit.
Déja la ieunesse tempeste,
& chacun au combat s'appreste.
Les moins emeus des Laurentins,
Auecques les autres Latins,
Qui (n'estans pas fort bons Prophetes)
Pensoient auoir besongnes faites,

GOGVENARD.

Et n'estre venus sur les lieux
Que pour y combatre des yeux,
Changent bien pour lors de langage,
& ne parlent que de carnage.
Ils souhaitent que l'Arresté,
La Conference, & le Traité,
& les Serments, & le Mistere
Fussent encor tous à refaire,
& déja deplorent le sort
De Turnus qu'ils tiennent pour mort.
 Juturne bien authorizee,
Voyant la chose disposee,
Veut achever l'ouvrage entier,
& fait un tour de son métier.
Elle s'avise d'une ruse
Pour rendre la chose confuse;
& pour obliger les Latins
A suivre l'ordre des Devins,
Elle fait parestre un prodige.
 Vn Aigle, qui dans l'air voltige,
Persecute & taille en morceaux
La plus grande bande d'oiseaux;
Entr'autres, oiseaux de riviere,
Qu'il charge deuant & derriere,
& fait un carnage si grand,
Que ce iour il pleuuoit du sang.

Juturne aidée du pouuoir de Iunon, trompe les Latins par l'apparition d'vn faux prodige.

Prodige d'vn Aigle qui vient d'en haut enleuer vn beau Cigne sur le bort d'vn fleuue.

Bref, sa boutade continuë,
Il s'éleue vn peu dans la nuë,
& vient aussi-tost qu'il l'eut beau,
En vn moment fondre dans l'eau.
Là, loin de faire le dommage
Sur Oyseaux de commun plumage,
Sur la Cane, ou sur le Canart,
Voyant vn beau Cigne à l'écart,
Cigne qu'on traitoit d'Excellence,
Il l'enleue auec violence.
A ce rapt les Rutuliens,
et les autres Italiens,
Croyent, troublez, de cette sorte,
Que c'est Turnus qu'Enee emporte.
Mais (ce qui fut le plus plaisant,)
Comme le Cigne estoit pesant,
L'Aigle n'eut qu'vne courte ioye,
Et, contraint de lâcher la proye,
La laissa tomber dans les eaux;
Aussi bien les autres oyseaux,
Tous ioints en haut comme vn nuage,
Afin de luy boucher passage,
Auoient perdu tout le respec,
Et, qui des ongles, qui du bec,
Soûtenus de leur barricade,
Chacun luy donnoit la saccade,

GOGVENARD.

Et ces petits Peuples de l'air
L'obligerent à s'envoler.
 Ce Prodige d'enchanterie,
(Car ce n'estoit que fourberie)
Est receu de bonne façon,
Et chacun mord à l'hameçon.
Du moins la pluspart se figure,
Qu'on en doit tirer bon Augure :
Iusque-là que les Rutulois
Se declarent à haute voix,
Et comme en bataille se rangent,
Car déja les mains leur demangent,
Estimans que l'autre Party
En doit auoir le démenty.
Tout le premier Tolomne mesmes,
Docteur és Sciences supresmes,
Qui fait le Devin important,
[Quoy qu'il en sçache peu pourtant :]
.. Mais qui, malgré son faux presage,
.. En sçauoit vn peu dauantage
.. Que la Tauron, & le Maltois,
.. Qu'on peut appeller le Matois.
Tolomne, dis-je, les asseure,
Et tout le premier les conjure,
Sans s'amuser au Compromis,
De donner sur les Ennemis.

Tolomnius Devin, exhorte les Latins à combatre, & leur explique le prodige.

G iij

VIRGILE

Harangue de Tolomne aux Latins.

Tout va bien, dit-il, Camarades,
Donnons sans crainte d'enfilades,
Donnons braues Rutuliens
En valureux Italiens :
Et puis qu'auons le vent en poupe,
Sus ! faisons leur tourner la croupe !
Ie lis la volonté des Dieux,
Qui vient de paraistre à nos yeux,
Ecrite en ces derniers Prodiges,
Il en faut suiure les vestiges,
Et chasser ces nouueaux venus
Qui nous veulent rauir Turnus,
Nous traitans en Canards sauuages
Depuis qu'ils sont en nos riuages ;
Forçans, rauageans, pillans tout,
De l'vn iusques à l'autre bout.
Eneas, qui tranche de l'Aigle,
Nous va ranger dessous sa reigle,
Et nous traiter comme Oizillons,
Ou comme simples Papillons,
Et Moucherons (si bon luy semble)
Si nous ne nous ioignons ensemble,
Et ne le contraignons ainsi
A s'en aller bien-tost d'icy.
Car s'il nous voit vnis & fermes,
Sans demander de plus longs termes,

GOGUENARD.

Il laschera tout son butin,
& fuira ce Païs Latin.
Voguant vers la Coste Troyenne:
[S'il s'y trouue bien, qu'il s'y tienne.]
Or, vous, serrez vos Bataillons,
&, comme forts Emerillons,
(Non pas comme oiseaux sans courage,
Qui laissent tirer leur plumage)
Chers Rutulois ne souffrez pas
Qu'on vous chasse de ces Estats,
& qu'on enleue sans deffense
Le Roy Turne en vostre presence.
  Aussi-tost dit, aussi-tost fait,
Car Tolomne décoche vn trait,
Qui vous donne droit dans les trippes
A l'vn des neuf fils de Gilippes:
Incontinent le Camp s'émût,
& tout chacun fit ce qu'il pût ;
Grandes clameurs de part & d'autre,
Voyant ce malheureux au peautre,
Car il estoit braue Garçon,
Beau-fils, & de bonne façon,
Armé sur tout à l'auantage,
& vraiment c'estoit grand dommage!
Le Party Troyen, sans sa mort
En eust esté beaucoup plus fort.

Tolomné tire le premier trait, & tuë l'vn des neuf freres fils de Gilippus Arcadien.

Toutesfois les nobles coleres
Qui paressoient en ses huit freres,
Tenoient bien lieu du Trépassé
Qu'ils voyoient encor terrassé,
Ce triste objet les encourage,
La rougeur leur monte au visage,
& sans connestre aucun danger
Courent afin de se vanger,
Avec pieus, bâtons, dard, épée,
Mais ils sont en cette échappée,
Rembarrez par les Laurentins,
Qui frappoient comme des Lutins,
Et qui les auroient tous, sans doute,
Mis comme leur frere en déroute,
Sans le prompt secours des Troyens,
Des Agyllins, Arcadiens,
(Avec leurs Armes ginjolines)
Qui chargeoient les Troupes Latines.

Chacun s'é- Chacun brûle pour le Combat;
chauffe au
combat, & le Si bien qu'en ce funeste état,
desordre
s'augmente. On ne reconnoist plus personne,
Point aux Dieux mesme on ne pardonne,
& leurs aveuglemens sont tels,
Qu'on pille iusques aux Autels.
On n'entend plus rien que tempestes;
On ne voit sauter que des testes,

Il tombe

GOGVENARD.

Il tombe vne gresle de dards,
Il pleut du fer de toutes parts,
On prend foyers, bassin & tasse,
& la nappe sanglante & grasse;
Latinus (parlant par honneur)   Le Roy La-
Chia dans ses chausses de peur,   tinus s'en-
Enleuant, le mieux qu'il pût faire,   fuit.
Les Dieux, qui restoient du Mistere,
Et laissant le tout imparfait,
Il s'enfuit plus viste qu'vn trait.
Les vns tant soit peu moins timides
A leurs cheuaux mettent les brides,
Et montent sur leurs Chariots:
D'autres se jettent à plains sauts
Sur leurs cheuaux, qui les attendent,
Et l'épée en main se deffendent.
Messape ennemy des accords,
Qu'on dit auoir le Diable au corps,
Fit merueille, & donna le reste
Soudain au Roitelet Auleste;
Qui, quoy qu'il eust le sceptre en main
Et les marques de Souuerain,
N'eut point de quartier de Messape,   Messape tuë
Qui pour lors mordoit à la grappe,   le petit Roy
Rauy de le traiter d'égal,   Auleste.
& poussant sur luy son cheual,

H

Le fit tomber dans la pouffiere;
Car n'ayant pas des yeux derriere,
Vn Autel, qu'il ne voyoit pas,
Luy fit faire ce mauuais pas.
Meffape, à cette culebutte,
S'en vient à luy de haute lutte,
Et luy façonne vn peu les reins
D'vn dard, qui n'eſtoit dans ſes mains,
.. Rien que comme vn clou de giroffle
.. Entre les mains de ſaint Cretophle.
C'eſtoit vne poutre pourtant:
.. Ha! vertu-bieu quel grand Geant!
.. Il falloit, qu'au lieu d'vne roſſe,
.. Il fuſt monté ſur vn Coloſſe;
.. Qu'il euſt les bras & les jarets,
.. (A moins que d'eſtre contrefaits,)
.. Comme des Colomnes Clauſtrales,
.. Ou comme les Piliers des Halles:
.. Qu'il euſt l'œil auſſi large & rond
.. Que le cul d'vn large chaudron,
.. Ou que le rond d'vne Platine;
.. Le nez, comme vne Couleurine;
.. Les levres à rebors enduits
.. Comme la mardelle d'vn puis;
.. La bouche auecque la machoire
.. Plus vaſte qu'vne grande armoire,

GOGUENARD.

Ou de mesme qu'un four à ban ;
Qu'il eust la voix comme un Satan ;
Qu'il eust des dents à ses genciues,
Grosses comme bouts de soliues,
Et qu'enfin il eust tout le corps
D'une Tour qu'on meut par ressors.
Car pour percer un flanc tout outre,
D'un dard aussi gros qu'une poutre,
Comme on feroit d'un simple dard,
Faloit qu'il fust un fort paillard ;
Et qu'Auleste eust terrible bréche,
S'il fut percé de cette fleche.
Tout coup vaille ; quoy qu'il en fut,
Messape tout net le ferut,
Et força ce petit Monarque
De payer le droit à la Parque.
Il eût beau crier & prier,
Il n'en eut pas meilleur quartier.
Messape au contraire fit gloire
D'auoir emporté la victoire,
Et comme en tel cas il auient,
S'écria tout haut, il en tient.
Ces offrandes sont legitimes,
Les Dieux aiment mieux ces victimes,
Qu'ils ne font les deux de tantost,
Car ils ne mangent point de rost ;

H ij

VIRGILE

..Cette viande est trop vulgaire,
..Baste pourtant pour la premiere,
..Mais pour le Cochon, est fiévreux,
..Et pourroit faire mal aux Dieux.
A peine eut-il perdu la vie,
(Qu'il perdit contre son enuie,
Car il s'en seroit bien passé)
Qu'aussi-tost qu'il fut terrassé,
Quelques Italiens le fouillent,
Ils le traisnent, & le dépouillent;
Car il est à croire qu'vn Roy
Auoit sur luy toûjours dequoy.
Cependant que par auarice,
Ou plutost, par droit de milice,
[J'ayme mieux le penser ainsi,
Peur d'offencer quelqu'vn icy]
Pendant, dis-je, qu'auecque ioye,
Ceux-là s'amusoient à la proye,
Tous les autres alloient leur train,
Sans songer à ce petit gain,
Et se chamailloient d'importance
Dans vne égale resistance.
Ce qui me fait rire pourtant,
Malgré ce combat si sanglant,
Est le reuers & la plamuze
Que receut vn certain Ebuze :

GOGVENARD.

Ce méchant fendeur de nazeaux,
Ardent à ioüer des couteaux,
La lame haute & déguainée
Alloit pourfendre Corinée :
Luy, qui n'estoit pas des plus sots,
Et dont le corps estoit dispos,
Se racourcit, & fait en sorte
Que le coup iusqu'à terre porte
Sans le toucher ny prou, ny peu,
Et puis d'vn tizon tout en feu,
Qu'il voit sur l'Autel par fortune,
Vous l'ajuste en forme commune,
Et vous charbonne le muzeau
De ce pauure Godelureau :
Si bien qu'en presence des Troupes,
La flame se mit aux étoupes,
Et brûla iusques au menton
La grande barbe du Barbon ;
Qui rendit odeur plus mauuaise
.. Que poireaux, ou ruë, ou punaise,
.. Qu'ailes de coc, ou de perdris,
.. Vieux parchemins, gros papiers gris,
.. Et tout ce qu'on prend d'ordinaire
.. Pour appaiser le mal de Mere :
.. Encore toute cette odeur
.. A beaucoup moins de puanteur.

Corinée aux mains auec Ebuze le Barbon.

Il luy brûle sa grande Barbe.

.. Car cette barbe sans égale,
.. Estoit moitié poux, moitié galle,
.. Et moitié bourre, moitié crin;
.. Dont il ne resta pas vn brin;
Cette digne & grande barbasse
Ayant brûlé comme filasse.
Ce n'est pas encor tout le jeu,
Il quitte le tizon de feu
Qu'il auoit lors dans la main droitte,
Se saisit d'vne Bayonnette,
Et sans differer vn moment,
Corinée, assez vertement,
De la gauche prend sa criniere,
Il vous tire Ebuze en arriere,
Le traite comme vn apprenty,
& l'ajuste tout de rosty :
Car l'ayant renuersé par terre,
Sous son genoüil il vous le serre,
Il vous luy perce le boyau,
Et le laisse sur le carreau.

Il le tuë.

  Autant fut-il de Podalire,

Le Berger Alse tuë Podalire.

Qui faisoit du Maistre & du Sire;
Car voyant vn certain Berger
Aux premiers rangs dans le danger;
Il pousse de cul & de teste,
Parmi les dards & la tempeste,

GOGUENARD.

Et court aprés, l'épée en main,
Afin de l'enfiler soudain.
Alse preuoyant ce desastre
(ainsi l'on appelloit ce Pastre)
Tant s'en faut, qu'il en fit vn pas,
Se retourne, leue le bras,
Et, donne vn si grand coup de hache
A Podalire le brauache,
Qu'il luy pourfendit, ce dit-on,
La teste iusques au menton,
Et luy fit sauter la ceruelle,
De sorte qu'il luy bailla belle;
Et sans s'effrayer ny fremir
De ce coup l'enuoya dormir.
 Cependant le pieux Enée
Ne voulant perdre la iournée,
S'écrie, & rappelle les siens,
Qui se battoient comme des chiens:
Et les mains & la teste nuës,
Eleue sa voix iusqu'aux nuës,
En leur disant; où courez-vous?
Camarades! estes-vous fous?
Hé! dit-il, hé! misericorde!
D'où vous prouient cette discorde?
Etouffez vos ressentimens,
Et calmez tous ces mouuemens!

Enée tâche d'appaiser ces desordres.

Discours d'Enée à ses troupes.

VIRGILE

D'où procede cette manie ?
A quoy sert la Ceremonie,
Le Sacrifice & le Traité
Où personne n'a resisté ?
Puisque nonobstant tout cet ordre,
Vous, ne deuans ruer ny mordre,
Vous ruez, et mordez pourtant ?
Cela m'est par trop important ;
Nul de vous, à mon preiudice,
Icy, ne peut entrer en lice ;
A moy seul l'honneur appartient,
Et malgré la peur qui vous tient,
(Quoy qu'on n'en doiue auoir aucune)
Ie tiens en mes mains ma fortune,
Et veux, par l'execution,
Acheuer la Conuention :
Puisqu'il est dit, il le faut faire,
Ie ne crains point le vent contraire ;
Aussi bien Turnus est à moy,
Il faut qu'il subisse ma loy ;
Et les Dieux, à ce que i'estime,
Me reseruent cette victime.

Pendant qu'Enée harangue il se sent frappé d'vn coup de flèche, dont on ne peut sçauoir ni le bras ni l'Autheur.

 Il vouloit encore parler,
Alors qu'vn trait sifflant par l'air
Le vint blesser à l'auenture ;
On ne sceut ny par coniecture,

Ny par

GOGVENARD.

Ny par conneſſance du fait,
De qui pouuoit venir le trait.
Car, quoy qu'il en ſoit, le Rutule
Le deſ-aduoüe, ou diſſimule;
Et ſoit du Ciel, ſoit du hazard
Que ſoit venu ce coup de dard,
Chacun ſe regarde, & s'admire,
Mais perſonne n'en veut rien dire:
Icy la Gloire eſt vn peché
Qu'on veut toûjours tenir caché:
Et la bleſſure inopinée,
Que receut le vaillant Enée,
Pendant qu'il faiſoit l'Orateur,
Ne pût iamais trouuer d'autheur.
Enée eſquiue tout à l'heure,
Sans faire plus longue demeure,
Et s'en va ſe faire penſer.
Turnus (ie vous laiſſe à penſer)
Voyant Enée hors de la place,
Et iugeant qu'il fait volte-face,
Croit que cet homme pris ſans verd
Quitte la Partie & la perd.
Comme il voit ſes Soldats en peine,
L'effroy parmy les Capitaines,
Et tout, plus confus que deuant,
Il penſe eſtre au deſſus du vent.

Enée ſe va faire penſer.

Turnus profite de l'abſence d'Enée & fait de grands carnages.

Il veut, tout enflé d'esperance,
Tuer Enée en son absence;
Il demande armes & cheuaux
(Car il a des desseins bien hauts;)
Monte sur son Char d'vne escousse,
Et la bride en main vous le pousse
Sur les plus preux & les plus forts,
Qu'il laisse morts, ou demi-morts:
Vous renuerse vne Troupe entiere
Dans le sang & dans la poussiere;
Et courant aprés les fuyards,
Les charge de leurs propres dards.
Par tout son nom le rend celebre;
De mesme qu'aux riues de l'Hebre,

COMPA-
RAISON.

Mars de colere pantelant
Paroist poudreux & tout sanglant,

L'Hebre est
vn Fleuue de
Thrace.

Lors que faisant bruire ses armes,
Il porte par tout des vacarmes;
Et fait auancer ses Cheuaux
Voltigeans par monts & par vaux:
Ou qu'au beau milieu de la plaine
Il les pousse à perte d'haleine,
Plus viste, la pluspart du temps,
Que les Zephirs & les Autants;
Si que leurs pieds ferrez à glace
Font retentir toute la Thrace

GOGVENARD.

De l'vn iusques à l'autre bout,
Et portent la terreur par tout,
L'horreur, la rage, & la colere,
Qui ne les abandonne guere,
Et dont sans cesse leur Dieu Mars
Est entouré de toutes pars.
Tel est Turne, & de mesme rage,
Auance, tuë, & fait rauage,
Pousse ses cheuaux sur les morts,
Les fait marcher dessus leurs corps;
Et, tant la chose est effroyable,
Le sang ruisselle sur le sable;
Si que, des deux, se fait ainsi
Fange de rouge cramoisi.
Car déja sa main fortunée,
Graces à l'absence d'Enée,
Auoit fait execution
Sur Gens de resolution:
Entr'autres il venoit d'occire
Les valureux Pole & Thamire,
A coups d'épée, & de bien prés,
Et Stenele de coups de traits:
Item, Glaucus auecque Lade
Qui receurent pareille aubade;
Car il auoit tiré sur eux,
Et les auoit tué tous deux;

Turnus tuē

*Pole, Thami-
re,*

Stenele,

*Glaucus, &
Lade, tous
deux fils
d'Imbraze:*

I ij

Ce qui causa douleur amere
Au bon-homme Imbraze leur pere,
Qui les auoit auec grand soin
Eleuez tous deux, quoy qu'au loin

La Lycie est en l'Asie mineure.

Dans les confins de la Lycie,
.. Connessant bien que la Patrie
.. Corrompt souuent les ieunes Gens,
.. Pour estre prés de leurs Parens,
.. Trop caressants, ou trop seueres:
.. Car nous voyons qu'entre les Peres,
.. Il en est de bons, & mauuais,
.. Acostables, & sans accez.
.. Les vns font volontiers dépense,
.. Pour voir leurs fils dans la puissance:
.. Et quelques autres, pour certain,
.. Les laisseroient mourir de faim.
.. Les vns leur donnent des Offices;
.. Les autres par leurs auarices,
.. Qui souuent abregent leurs ans,
.. En osteroient à leurs Enfans.
.. J'ay bien réué par quelle cause
.. Arriue si piteuse chose,
.. Les Enfans faisans leur deuoir;
.. Ie ne m'en puis apperceuoir;
.. Si ce n'est qu'en ce mal extresme
.. Ils n'ont d'amour que pour eux-mesme,

GOGVENARD.

» Et ne peuuent, quand ils sont vieux,
» Aimer tout ce qui n'est pas eux.
» Car de dire, que c'est par haine,
» Ou bien par vne ame inhumaine,
» Qu'ils mettent toute amitié bas;
» Les Bestes ne le feroient pas!
» La haine, en cette conionctute,
» Seroit vn monstre de nature :
» Car s'il est vray, que nos amours,
» Comme on dit, descendent toûjours,
» Et ne montent pas d'ordinaire,
» On peut dire, & la chose est claire,
» Que le Pere à son Fils cruel,
» Est mille fois plus criminel,
» Que le fils, s'il faut ainsi dire,
» S'il vouloit à son pere nuire,
» Puis qu'il n'est rien de plus constant,
» Que l'amour ne va point montant.
» Or Imbraze estoit vn bon Pere,
» Et tant s'en faut qu'il fust contraire
» Aux bons desirs de ses Enfans,
» Il leur fournissoit tous les ans
» Dequoy faire leurs Exercices,
» Et leur estoit des plus propices
» Les tenant toûjours dans l'éclat;
Jusques-là qu'au dernier combat

VIRGILE

Tous deux auec armes pareilles,
Ils estoient montez à merueilles
Sur des cheuaux aussi legers
Que les Zephirs & les Éclairs ;
Afin de n'estre sans ressource,
Soit qu'on s'escrimast à la course,
Soit qu'il falust venir aux mains :
Mais tous ces appressts furent vains ;
Car Turne leur donna l'aubade,
Tirant de loin sur Glauque & Lade,
Qui moururent à coups de traits :
[Imbraze en pûst pester aprés,
Mais le mal estoit sans remede.]

<small>Eumede fils de Dolon estoit des plus auant dans la meslée.</small>
 De l'autre part paroist Eumede,
Qui faisoit le Diable au combat,
Quoy qu'on le crût mauuais soldat,
A cause de Dolon son pere,
Qui luy causoit ce vitupere,

<small>L'histoire de Dolon pere d'Eumede est au 10. liu. de l'Iliade d'Homere ; & dans Dyctis Cretensis au liu. 2. de la guerre de Troye.</small>
Et qui receut au Camp Gregeois
Vn vilain échec autrefois :
Car menant des Troupes Troyennes
Chez les Grecs, pour faire des siennes,
Les Grecs commençoient, ce dit-on,
A le traiter comme espion.
[Luy, pour mettre à couuert sa vie,
Dit, qu'il n'auoit aucune enuie

De leur faire aucun méchant trait,
Ny profiter de leur secret.
Que tant s'en faut, & qu'au contraire,
Il leur vouloit conter l'affaire
Et l'estat du pays Troyen,
Afin qu'ils s'en seruissent bien:
Pourueu que, pour la recompense
De sa petite manigance,
(Qu'il n'appelloit pas trahizon)
Il pût auoir la donaizon
De tout l'Attelage d'Achile;
Qu'il n'estoit pas fort difficile,
Quoy qu'on en crût, & que, pour peu,
Il mettroit son pays en feu,
Sans qu'il en coutât grosse somme:
Qu'au reste il estoit honneste-homme,
Et qu'il ne voudroit pas (pour rien)
Faire tort au pays Troyen;
Que c'estoit sa Terre natale,
Qu'il auroit l'ame bien brutale,
S'il n'apportoit quelque raison
Pour pretexte à sa trahison:
Bref, qu'il ne seroit iamais traistre,
S'il n'estoit bien payé pour l'estre,
Et qu'il auoit par trop de cœur,
Pour risquer ainsi son honneur.

Comme il promettoit des merueilles,
Tout chacun ouure les oreilles;
Et luy promit, aussi, soudain
Bien plus de beurre, que de pain.
Dolon flatté de l'esperance
D'vne si chere recompense,
Dit merueille, & cet indiscret
Debagoula tout le secret.
Et d'autant que toute insolence
Merite sa reconnessance,
Et qu'vne mauuaise action
N'est iamais sans punition;]
On vous le rossa d'importance
Pour commencer la recompense
Qu'il se promettoit vainement:
Et dans ce iuste traitement,
C'estoit pour luy chose inutile
D'aspirer aux cheuaux d'Achile;
Il n'y trouua rien de plaisant,
Car la mort fut tout le present
Qui luy fut fait par Diomede.

   De ce Dolon sortoit Eumede,
Quoy qu'il portast vn autre nom,
Car Eumede fils de Dolon
Se nommoit comme son Grand-pere;
Peut-estre estoit-ce par Mistere,

Peur

GOGVENARD.

Peur qu'on ne pût luy reprocher
Vn nom qui le pourroit fâcher,
Y voyant du pour, & du contre:
Aussi bien en chaque rencontre
Quelques Gens ne luy mâchoient pas,
Que, soit de la teste, ou du bras,
Il estoit (quoy qu'assez bon frere)
Le portrait de son propre Pere,
Id est, pour parler tout à plat,
Qu'il estoit fourbe, & peu soldat ;
Ce qui pourtant n'estoit que fable ;
Car Eumede estoit vn vray Diable,
Et couroit librement aux coups.
Turne en estoit vn peu jaloux,
Et ne le souffroit qu'auec peine,
S'escrimer si bien dans la plaine.
Aussi, ma foy, l'attrapa-t'il ;
Car vn trait leger & subtil
Tout sur le champ il luy décoche,
Saulte de son char, & l'approche,
Luy met le pied sur le gozier,
(Car déja ce vaillant lancier
Du coup de fléche estoit par terre)
Le fait gonfler tant il le serre ;
Et se saisissant tout soudain
Du fer qu'il auoit en la main,

*Turne tuë
cet Eumede.*

K

Vous luy donne dans la carcasse,
Et le laisse mort sur la place.
Dés aussi-tost qu'il le vit mort,
Pour luy faire entendre son tort,
Il le harangua d'importance,
Et luy fit vne remontrance,

Discours que fait Turnus à Eumede aprés l'auoir tué.

Luy parlant en ces mots; Hé bien,
Luy dit-il, Monsieur le Troyen,
Voyez-vous pas que c'est folie
De croire enuahir l'Italie?
Vous pensiez que tous nos païs
Seroient par vos Gens enuahis!
Vous pensiez posseder nos Terres
Et nous en chasser par vos Guerres,
Pour y regner incessamment?
O! c'est pour vous! voire vrayment!
Des Païs! on vous en fricasse!
Contentez-vous de cette place,
(O! malheureux fils de Dolon,)
Où vostre corps git tout du long:
Ce sont les Païs que ie donne
A ceux (sans excepter personne)

N'entēd parler d'Enée qui pretendoit bastir (cōme il fit depuis) vne ville dans la Latie.

Qui s'osent attaquer à moy,
Et pensent me faire la loy.
C'est de la façon que i'enfile
Mes petits bâtisseurs de Ville,

GOGVENARD.

De leur sang faisant du ciment,
Pour commencer le bastiment
De leurs merueilleuses murailles.
Qu'ils donnent assauts ou batailles !
Ils n'auront pas vn meilleur sort.
Aprés ce discours fait au Mort,
(Qu'il écouta tout d'vne traitte)
Il remonte sur sa broüette,
Aussi vigoureux que deuant,
Et d'vn dard leger comme vent
Au pauure Eumede ioint Asbute : *Turne tué Asbute, aussi bien qu'Eumede.*
De maints autres coups culebute
Sibaris, Chloree, & Darés ; *Il tué Sibaris, Chlorée, Darés, Thersiloque, Thyméte.*
Enfile Thersiloque aprés.
Item, l'infortuné Thyméte
Tombé de dessus sa mazette,
Qui regimboit trop, ce dit-on,
Et faisoit le sault de Mouton.
Bref, ce n'estoit rien que carnage,
Par tout il se faisoit passage ;
Chacun fuyoit deuant ses pas.
Comme quand le froid Boreas, *COMPA-RAISON.*
S'entonnant sur l'Archipelague, *Archipelague ou mer Égée.*
Pousse la mer vague sur vague,
Fait driller d'vn souffle orageux
Deuant luy les flots écumeux,

Et, par de grondantes bourasques,
Fait courir plus fort que des Basques,
Ou que des Cheuaux de Relais,
Les nuages les plus épais.
Ainsi d'vne boüillante audace
Turnus se faisoit faire place,
Faisant fuir, ou mettant à bas
Tout ce qu'il trouuoit sous son bras.
Au moindre effet de son courage
Les plus vaillants tournent visage,
Chacun plie, & de peur s'enfuit,
Et ce qui ne fuit pas perit.
Dans ce bonheur qui l'accompagne,
Il est maistre de la Campagne :
Du moins il paroist piafant,
Et des Ennemis triomphant.
Il se plaist deuant leur moustache
A faire ondoyer son panache,
Ayant toûjours le nez au vent.
 Cependant Phegée endesuant

Phegée s'op-
pose à Tur-
nus.
De cette guerriere boutade,
Qu'il prenoit pour Rodemontade,
Droit & ferme comme vn rampar
Se plante au deuant de son char,
Ozant bien arrester les brides
De ses cheuaux forts & rapides,

GOGVENARD.

Qui, comme ils estoient vigoureux,
L'entraisnoient luy-mesme auec eux.
Turnus alors, d'vn coup de lance,
Le voyant pris & sans deffence
Dans les resnes, comme au filet,
Frappe ce petit Argoulet,
Et du rude coup qu'il luy baille,
Luy perce sa cotte de maille.
Mais ce coup, malgré ses efforts,
Ne luy fait qu'effleurer le corps.
Si que d'vne main il se cache,
Et se pare de sa rondache ;
De l'autre, allant percer tout franc,
Turnus tout au milieu du flanc ;
Lors que par fortune la rouë,
Qui rouloit toûjours, le secouë,
Et vous iette à bas mon lourdaut.
Là dessus, Turne d'vn plein sault,
Descent, & sans faire autre enqueste,
D'vn seul coup luy coupe la teste
Entre la cuirasse & l'armet,
Et dessus son Char se remet,
Laissant là, de ce miserable,
Le tronc estendu sur le sable.
  Pendant ces exploits glorieux
De Turne le victorieux ;

Turnus luy coupe la teste.

Enée arriue dans sa tente pour se faire penser de sa blessure, & est conduit par Achates, Mnestée, & Ascanius.

Achates, nommé le fidele,
Mnestée, & toute la Sequele,
Sans oublier Ascane aussi,
Qui n'estoit que trop en souci;
Tous en deüil, & l'ame dolente,
Arriuoient déja dans la tente,
Conduisans le bon Eneas,
Qui saignoit, & boitoit tout bas,
Quoy qu'appuyé sur vne pique.
D'abord, d'vn courroux heroïque,
Sans se plaindre de sa douleur,
Il peste contre ce malheur,
Qui sembloit luy rauir sa gloire
L'éloignant du champ de victoire.
[Et comme tout chacun soudain
Dessus son mal porte la main;]

Il essaye de tirer le fer de sa playe, mais il n'en peut venir à bout.

Par de vains efforts il essaye
De tirer le fer de sa playe,
Dont il auoit tiré le bois
Par éclats auecque les doits.
Si bien qu'il demande de l'aide,
Et veut que pour premier remede,
On face large incizion,
Pour guerir la contuzion,
Et voir le fond de la blessure
Par vne plus grande ouuerture,

GOGVENARD.

Car il voudroit estre en estat
De s'en retourner au combat.
 Dans ce mesme temps en grand' haste,
Pour mettre la main à la paste,
Vint le fils de l'âze, Iapis,   *Iapis Mede-*
Grand Medecin, homme sans prix,   *cin & Chi-*
Qui prefera la Medecine,   *rurgien ar-*
Comme vne Science Diuine,   *riue dans la*
A tous les plus beaux Attributs   *Tente.*
Qu'eut iamais l'amoureux Phœbus.
Car Phœbus aussi chaud que braize,
Qui l'aimoit à la Bigarnaize,
Luy vouloit faire des Presents,
Qui ne sont pas des moins plaisants;
Et, ce dit-on, le vouloit faire,
Bon Violon, grand Sagittaire,
Sçauant Devin, & cætera;
Mais ce rare homme prefera
A ces Attributs delectables
Des qualitez plus profitables,
Et moins de bruit à plus de fond:
Et son pere estant moribond,
Il eut des passions ardentes
De sçauoir la vertu des Plantes:
Afin de prolonger ses iours,
Et d'assister par son secours,

D'Onguents, d'Oppiats, de Pomades,
Tous les navrez, & les malades.
 Comme il estoit grand Medecin,
Et doüé d'vn sçauoir diuin,
Mesmement en l'Art Chirurgique,
(Ayant l'vne & l'autre Pratique)
Eneas le fait approcher,
Et se laisse aisément toucher
Par sa main, & non par les larmes
D'vn tas de Gens qui font vaccarmes,

<small>Iülus, est le mesme qu'Ascanius fils d'Enée.</small> Et d'Iülus, tout vis à vis,
Pleurant pour faire le bon fils.
,, Et bien loin de l'entendre pleindre,
,, Comme ceux qui ne font que geindre,
,, Faisans par trop les delicats
,, Etendus sur des matelas,
,, Lors que Pimprenelle les pense ;
Il s'appuyoit sur vne lance :
& quoy qu'il fremit de douleur,
Il estoit debout, & sans peur;
Et l'on eust dit à son visage,
Tant il témoignoit de courage,
Entre tant de Gens amassez,
Qu'ils eussent esté les blessez,
Et qu'il eust causé la blessure ;
(Car il enduroit sans murmure.)
 Cependant

GOGUENARD.

Cependant le sage Iäpis,
(Muny d'onguents & de charpis,
De cataplasmes, d'herbes fines,
De toutes sortes de racines,
De Resolutifs, d'Anodins,
Dont Phœbus, Dieu des Medecins,
Luy donna jadis la science,
Qui tenoit lieu d'experience:)
Pendant cela, dis-je, Iäpis
Se figurant le mal au pis,
Par des Emplâtres specifiques,
Et quelques Remedes Topiques;
Trauailloit methodiquement,
Appliquant son Medicament.
Mais en vain fit-il sa Recepte,
En vain troussa-il sa jacquette,
Comme font tous ceux du Métier,
En vain vuida-il son Boitier:
Ce n'estoit rien que mocquerie,
Il falut changer de Battrie,
Et quitter là les linimens,
Pour en venir aux ferremens;
Car tous les remedes vulgaires
A cela ne seruoient de gueres.
Iäpis perdoit son Latin,
Et, de nôtre âge, Fromentin,

Il trauaille à
la guerison
de la playe
d'Enée.

L

VIRGILE

.. Le Moine, Courtois, Pimprenelle,
.. Le Large, & toute la sequelle,
.. Grois, Billy, Janot, d'Alencé,
.. Colard, Ménard, Pietre & Cressé,
.. S'ils ont guery telles blessures,
.. N'ont pas fait de petites Cures;
.. Je pense qu'en vn mal pareil,
.. A moins d'vn puissant Appareil,
.. Et d'vn remede extraordinaire,
.. Ces Experts ne sçauroient que faire.
.. Ce fer dans la cuisse obstiné,
.. Et jusqu'en l'os enraciné,
.. Auoit enflammé la partie.

Poudre de Sympathie & sa Composition.

.. Nôtre Poudre de Sympathie,
.. (Qui passe le meilleur Onguent)
.. Faite auec la Gomme Adragant,
.. Et le Vitriol qui la compose,
.. En tel cas fairoit peu de chose;
.. Et la fameuse huile du Sert,
.. Dont aujourd'huy chacun se sert,
.. Et qu'on dit estre souueraine
.. Pour arrester vne Gangrenne,
.. Seroit d'vn pauvre alégement,
.. Et s'appliqueroit vainement
.. Sur vne blessure semblable.
Car le mal estoit incurable;

GOGVENARD.

Et le docte Iäpis, pour lors,
En vain y faisoit ses efforts.
 Pendant ce temps, on eut nouuelle
Qu'on recommençoit de plus belle;
Et que les ennemis, aux Champs,
A ce coup faisoient les méchans.
De fait ce n'estoit que turie,
Car déja la Caualerie
Faisoit par tout de grands degats,
Et, jusqu'au Quartier d'Eneas,
Tant chacun en vouloit decoudre,
Poussoit des nuages de poudre,
Et s'en avançoit de si prez,
Qu'on n'y voyoit que dards & traits,
Qui tomboient aussi drus que gresle.
L'horreur confuse & pesle-mesle
Du bruit, & des cris differans,
Tant des gaillards, que des mourans,
S'entendoit iusques dans la Tente:
Si que Venus prit l'épouuente,
Sçachant qu'Iäpis, mesmement,
Trauailloit inutilement:
Et voyant que le mal excede,
Elle s'auise d'vn Remede,
Et veut absolument guerir
Son fils, qu'elle voyoit souffrir,

L ij

VIRGILE

Venus, mere d'Énéas va cueillir le Dictame.

Pour cela la Dame Cythere,
Qui, comme une soigneuse Mere,
En tous perils le seconda,
Va viste sur le Mont Ida,
Y trouve & cueille le Dictame,
Souverain pour les coups de lame,
Et qui sur tout chasse le fer,
Qui pourroit corrompre la chair,
Quand par hazard dard ou zagaye
Demeure au fonds de quelque playe.
Avec ce Simple, les Chevreuils
Aux Champs se guerissent tous seuls,
Et fussent-ils lardez de flèches,
Leurs blessures deviennent seches
Dés aussi-tost qu'ils l'ont brouté,
Tant il a de proprieté.
Venus couverte d'une nuë,
De crainte d'estre reconnuë,
Dans la Tente apporte en sa main
Ce Remede si souverain:
Et voyant de l'eau destinée
A laver la playe d'Enée,
Et que mesme le Medecin
Avoit mise dans un bassin,
Comme elle est adrette & sçavante,

Elle le fait infuser dans se... Elle y fait infuzer sa plante,

GOGVENARD.

Auecque feüille, tige & fleur
D'Eminente & rouge couleur.
Soudain l'eau receut la teinture,
[Estant tiede par auanture,
Et faisant, comme chacun sçait,
En ce cas plustost son effet]
Sur le tout (de son Ordonnance)
Elle répand vn peu d'essence
D'Ambrozie & de Panacé,
Qui sent fort quand on l'a pressé,
Et qui plus que moutarde fine
Oblige à serrer les narine;
Mais qui seul vaut cent vegetaux,
Estant vn Remede à tous maux.
De cette eau teinte & coloree,
Que croyoit auoir preparee
Luy-mesme le docte Japis,
(Ne sçachant pas que, pour son fils,
Droslement la Dame Cithere
L'eust renduë ainsi salutaire)
De cett' eau, dis-je, ce Vieillard
Habill' homme, mais par hazard,
Bassine la playe d'Enee,
Et l'ayant ainsi bassinee,
Il trempe les linges dans l'eau,
L'étuve encor tout de nouueau.

L iij

(marginal notes:)
faire voir) dans l'eau qu'Iapis a nor prepa rée.

Le panacé sct fort mau uais, & quãd Virg. dit odo riferam pa naccam, il ne veut pas dire qu'il sent bõ, mais qu'il sent fort. Ainsi Lucr. quæcunq; suo de corpore o dorem expi rant acrem, panaces, ab synthia terra. Plin. l. 25. c. 4. dit que ce simple est vn remede à tos maux. vid. Dioscorid. l. 3. c. 55.

VIRGILE

Et trouuant lors cette lexiue
Remolliente ou deterſiue,
Plus qu'vne ſimple Lotion,
Il en fait fomentation :
Met tout douſement la Compreſſe
Sur l'endroit où la douleur preſſe;
Et, comme il eſtoit attentif
A ſon Bandage contentif,
Auſſi-toſt la douleur s'appaiſe,
Le Malade eſt plus à ſon aiſe,
Et, ce qui fut tout étonnant,
Le ſang s'arreſte incontinant
Par ce Medicament ſupreſme,

Le fer tombe de luy-meſme.

Et le fer tombe de luy-meſme :
Si qu'Eneas fut en repos,
Et deuint gaillard, & diſpos
Apres cette diuine Cure,
Ainſi que deuant ſa bleſſure.

Ioyë & diſcours d'Iapis

Alors mon droſle d'Iapis,
Dont les ſens eſtoient ébaubis,
Tout bouffi d'orgueil en ſon ame,
(Ne ſçachant pas que le Dictame
Caché dans le fond du vaiſſeau
Faiſoit la Vertu de ſon eau)
S'écrie auſſi-toſt, O merueille!
Cure Diuine & ſans pareille!

GOGVENARD.

A cheual! dit-il, à cheual!
Eneas ne sent plus de mal.
Ce n'est, poursuit-il, ny Remede,
Ny Science que ie possede,
Qui vous redonne la santé,
Mais bien quelque Diuinité,
(Grand Roy, genereux fils d'Anchise)
Qui par ma main vous fauorise,
Et vous destine aux grands honneurs
Pour le comble de vos labéurs.
Luy, sitost qu'il eût alegeance,
Prend ses bottes en diligence
Auec des cercles d'or au tour :
Il fait briller sa lance au iour,
Prend viste & bouclier & cuirasse,
Fait venir Ascane, l'embrasse,
Et baise ce petit Marmot
Par la visiere de son pot :
Adjoûtant, selon l'Obseruance,
Vn petit mot de Remontrance.
Or ça, dit-il, petit Garçon,
Voicy pour vous vne leçon
Que sans cesse vous deuez suiure,
Et qui vous doit seruir de Liure,
Ayez toûjours deuant les yeux
L'objet de mes faits glorieux,

Eneas reprẽd ses armes.

Il fait vne leçon à son fils Ascane, auparauant que d'aller combatre.

VIRGILE

Et de la Vertu Paternelle,
Dont ie vous laisse le modele!
C'est ce qu'il vous faut imiter,
Et vous n'en pouuez souhaitter
De plus rare & de moins commune.
Pour le regard de la Fortune,
Je ne vous en fais point de Loy,
Car tout autre, aussi bien que moy,
(Si ie succombois d'auanture)
Vous en peut donner tablature.
Maintenät, (cöme Grace aux Dieux
J'espere un succez plus heureux)
Ce bras, qui vous sert de deffence,
Cher Enfant, vous va, par auance,
Faire jouyr de mes Lauriers,
& du Fruit de mes Faits Guerriers.
C'est à vous, si vous estes sage,
Lors que vous serez hors de Page,
& que vous aurez au sabot
Fait succeder le Jauelot,
Quitté les noix & les toupies,
Au lieu de prendre des roupies,
& de faire le Fai-néant,
(Ce qui seroit bien messeant;)
C'est à vous à chercher des Maistres
Parmi vos illustres Ancestres:

Et

GOGVENARD.

Et conseruer plus qu'vn thresor,
L'Histoire de vostre Oncle Hector,
Comme de vostre Pere Enee,
Sans y manquer vne journee.
C'est la leçon que ie vous fais;
En vn mot, il faut desormais,
(A quoy que vostre humeur vous porte)
Que leur Memoire vous exhorte
A suiure leurs hautes Vertus,
& les Chemins qu'ils ont battus.
  Ayant finy sa Remontrance,
Qu'il fit auec grande prudence,
[Car il vouloit asseurement
Qu'elle teint lieu d'vn Testament:]
Aussi-tost il sort de sa Tente,
Se roidit & se represente;
La teste haute, & pique en main,
Qu'il faisoit brandir en chemin.
Les troupes le suiuent en foule,
Comme luy, le reste s'écoule
De la Tente, & mesme du Camp,
& chacun veut aller au Champ.
Le braue & valureux Anthee,
Auecques le noble Mnestee,
En teste de leurs Escadrons,
Qui faisoient face aux enuirons,

> Creüsa femme d'Enee & mere d'Ascanius, étoit sœur d'Hector.

> Il sort de sa Tente à dessein d'aller attaquer Turnus.

> Anthée & Mnestée à la teste des troupes, le suiuẽt & retournent au combat.

VIRGILE

Avançoit d'une mine fiere,
Et marchoit couuert de poussiere,
Auecque grand bruit, & d'vn train

Turnus du haut d'vne Eminence voyant approcher Enée prend l'épouvante.
Qui faisoit trembler le Terrain.
Turnus, qui reprenoit haleine,
Les yeux tournez deuers la plaine,
D'vn endroit assez éminent,
Les apperçoit incontinent;

Les Italiens tremblent de peur.
Les Italiens tout de mesme;
Ce qui leur donna peur extreme,
Et les fit trembler jusqu'aux os;
.. Autant que nos pauvres Bados:
.. Lors que n'ayans plus rien à frire,
.. Les bonnes gens leur vinrent dire,
.. Que Saint-Germain, de Conseil pris,
.. S'en venoit deuorer Paris,
.. (Encor qu'il fust bien difficile,
.. Car Paris, cette grande Ville,
.. Estant affamée & sans pain,
.. Eust plustost mangé Saint-Germain,)
.. Que par bombes & boulets rouges,
.. Leurs Galetas & petits Bouges,
.. Et leurs Greniers fort mal remplis,
.. S'en alloient estre demolis;
.. Que tout alloit estre au pillage,
.. Qu'on iroit dans le sang à nage;

GOGUENARD.

Et qu'aumoins, malgré tout secours,
On alloit brûler leurs Faux-bourgs.
Aussi-tost toute la canaille
Enleue tout jusqu'à la paille;
Et vient se fourrer cependant,
L'un, chez Monsieur le President;
L'autre, auec sa Famille entiere,
Chez Madame la Conseillere,
Chez mon Compere, mon Amy,
Qu'ils traittoient d'honneur & demy.
Bref, ces pauures Gens en desordre
(Bons chiës, s'ils eussët voulu mordre)
Au cœur de Paris retirez,
Paroissoient tous fort effarez:
Si bien que déja les plus riches
Auoient tout serré dans des niches;
Et mis en prison leurs écus,
Peur qu'on ne mit la main dessus,
Par des Arrests impitoyables,
Et qu'on n'élargist ces coupables;
Car eux-mesmes en verité,
N'estoient pas trop en seureté;
Encor qu'au dedans de la Ville
Le Bourgeois fust assez tranquile,
Malgré l'alarme & les tambours
Qu'on oyoit battre tous les iours:

M ij

VIRGILE

,, Aussi tous ceux du voisinage,
,, Tant du Faux-bourg, que du Vilage,
,, Fuyans, y venoient fondre à tas,
,, Pour se garantir du trépas.
,, Témoins Mesdames les Nonetes,
,, Qui firent toutes maisons nettes,
,, Trauersant cinq cent Polonois
,, Auec l'Eau-beniste & la Croix:
,, Mais qui n'arriuerent pas toutes,
,, Car ne sçachans pas bien les routes,
,, Il peust bien possible à la fin
,, S'en perdre quelqu'vne en chemin.
,, Toutes-fois ie me laisse dire
,, Que pas vn d'eux n'oza leur nuire,
,, Quoy que ce peuple soit brutal,
,, Et qu'on ne leur fit aucun mal,
,, (Grace au nom de Religieuse)
,, Seulement, la plus mal-heureuse
,, Fit vn faux pas, &, tout au plus,
,, Y perdit vn paquet d'Agnus.
,, Autre y laissa, comme on l'expose,
,, Son Breuiaire, & quelque autre Chose,
,, Sans murmurer ny faire bruit,
,, Car selon que l'on les instruit,
,, Il faut tout souffrir & se taire:
,, Leur estant chose necessaire

GOGVENARD.

Et comme le point principal,
De faire le bien pour le mal.
Aussi fit-elle en cette Perte
(Possible elle fut recouuerte,)
Pour le moins n'en dit-elle rien,
Sçachant tout tourner à son bien ;
& loin d'en pleurer, ou mot dire,
La bonne Sœur n'en fit que rire,
& chanta, quoy qu'en piteux ton,
Depuis ce temps, Qu'en diroit-on.
Ce qu'entendant sa bonne Pagne,
Qui l'attendoit dans la campagne,
Apprit le tout, &, par pitié,
En eust voulu porter moitié.
Car (soit bon-heurs, soit infortunes)
Toutes choses leur sont communes.
& le mot de Proprieté
Est, en toute Communauté,
Façon de parler plus haïe,
Que le Car en l'Academie.
C'est par cet ordre, et pour cela,
Qu'elles ne disent mon ny ma,
Mon Pere, ma Sœur, comme d'aistre,
Mais toûjours nos, & toûjours nôtre,
Nos voiles, nos draps, nostre lict,
Nos chemises & nostre habit,

La pluspart des Religieuses n'oze dire Compagnes, & celles de Lonchamp sont si modestes, que pour esquiuer la syllabe honteuse, elles disent d'ordinaire Pagne Gertrude, Pagne Christophlete, ma Pagne de l'Incarnatiō &c. De même en font-elles presque toutes de Confitures, Cōducteurs, Conseil, Confessurs, aimant mieux dire nos fitures, nos ducteurs nostre seil, nos sesseurs, &c. que de iurer ou de dire vn gros mot.

M iij

„ Nos *oraisons*, nostre *breuiaire*,
„ Nos *beguins*, nostre *scapulaire*.
„ Ie croy qu'elles disent aussi,
„ (Puis que la loy le veut ainsi)
„ Nos *caprices*, nostre *migraine*,
„ Nos *fleurs*, nostre *fiebure-quartaine*,
„ Nos *feux*, nostre *peché mortel*,
„ Quoy qu'vn peché soit personel.
„ (I'entends qu'elles fussent capables
„ De commettre choses semblables)
„ Mais ce seroit les offenser,
„ Et i'aime beaucoup mieux penser
„ Pour leur profit, et pour leur gloire,
„ Qu'elles disent nostre *Oratoire*,
„ Nos *Pertes* & nostre *Vertu*,
„ Que d'y soupçonner du qu'as-tu;
„ Car les bonnes Religieuses
„ Ne furent iamais vitieuses,
„ Et ne font point communauté
„ De vice ou de fragilité.
„ De sorte donc que sœur Colette,
„ Qui par malheur estoit seulette,
„ Eust voulu porter le fardeau
„ Auec la sœur Jeanne Griueau,
„ (C'est ainsi, sans nommer personne,
„ Qu'on appelloit la pauure Nonne

GOGVENARD.

Qui perdit dans ce desarroy
Son Breuiaire, & ie ne sçay quoy)
Mais leur fortune fut diuerse,
Il falut prendre la trauerse,
Pour reioindre tout le Couuent,
Qui gagnoit desia le deuant,
Si bien que drillant au plus viste,
Elles arriuerent au giste,
Mais d'vne drosle de façon:
Car, depuis le petit garçon,
Iusqu' à la grand' barbe quarree,
Chacun voulut voir cette Entree,
La plus plaisante, prix pour prix,
Qui se fit iamais dans Paris.
On en vit quinze en vn carosse,
Trois sur vne méchante Rosse;
D'autres à pied selon leurs loix,
Sur la Mule de Saint François.
Les vnes estoient en charettes,
Quelques vnes sur des mazettes:
Item d'autres dans des paniers,
Sur des cheuaux de Cocquetiers,
Quatre sur vn mulet qui trotte,
Quelques vnes dans vne hotte,
Toutes comme en Procession,
Dans leur rang de Profession;

,, Leurs Abbesses marchoient en teste,
,, (Chacune auec train plus honneste
,, Que n'eust eu quelque simple sœur,)
,, Sur vn cheual de Confesseur;
,, Mais cheual qui sçait bien des choses,
,, Estimé pour beaucoup de causes,
,, Comme estant, ce nous disoit-on,
,, Martyr pour la Religion.
,, Ouy Martyr, car la pauure beste,
,, Hors-le Dimanche & iours de Feste,
,, Tousiours par voye ou par chemin
,, Va, vient, porte ou traisne sans fin,
,, Par vn trauail opiniastre,
,, Bois, charbon, grauois, pierre, plâtre,
,, Pour le seruice du Couuent:
,, En moins (comme il aduient souuent)
,, Que le Confesseur ne l'employe,
,, Ou mesme par fois ne l'enuoye,
,, A Monsieur le Predicateur,
,, Quand il merite cet honneur.
,, Donc, sur tel cheual chaque Abbesse
,, Passoit à trauers de la Presse.
,, Des Asnes au lieu de Mulets
,, Chargez d'Agnus, de Chapelets,
,, De Medalles & de Coquilles,
,, De pastes, & de Canetilles,

GOGVENARD.

De grands & de petits Métiers,
De moules, d'ouvrages entiers,
Petits Saints-Ieans & Magdelaines,
Dont elles auoient boëtes pleines,
Et de mille brinborions
Pour faire distributions.
Des Asnes, dis-je, en ce voyage
Portans Missere pour bagage,
Et des bouriques de Renuoy
Paroissoient parmy ce Conuoy.
Si que, cette troupe voilée
Se niche auec sa Thiôlée,
Et Paris fut, les iours suiuans,
Vn Couuent de plusieurs Couuents.
Depuis, dans toutes les Eglises
On ne voyoit que robbes Grises,
Et Scapulaire gris aussi,
Ou bien de rouge cramoisi:
Que robbes Noires, robbes Blanches,
Tant iours ouvrables, que Dimâches,
Et tous nos logis estoient plains
De toutes sortes de Nonains,
D'Vrselines, d'Hospitalieres:
D'Augustines, de Cordelieres
De tout Rang & de tous métiers,
Premier Ordre, Second & Tiers:

Asnes portans Misseries.

.. De Iacobines, Bernardines,
.. Et des sages Benedictines.
.. Les Feüillantines tinrent bon,
.. Et ne vinrent point, ce dit-on,
.. Mais Saint Antoine, la Vilette,
.. Le Chasse-midy, la Raquette,
.. Liesse, la Saussaye, Issy,
.. Vaugirard, Hyerre, Gercy;
.. Les dix-Vertus, (ie perds haleine)
.. Et Saint Nicolas de Lorraine,
.. Gif, St Cyr, Charone, Long-champs,
.. Belle-Chasse, & mille Couuents
.. Dont ie n'ay pas fait Inuentaire,
.. Vinrent & ne tarderent guere;
.. Fuyans, plus viste que le vent,
.. Les Polonois, ou le Couvent.
.. Bref la Terreur estoit publique,
.. Et tous, peur d'vne fin tragique,
.. Tant Vilageois qu'honnestes gens,
.. Fuyoïet leurs Maisõs & leurs Chãps;
.. Et venoient au cœur de la Ville
.. Promptement chercher vn Azile
.. Chez nos Bourgeois Parisiens.
De mesme, les Italiens
De crainte tournoient le derriere:
Iuturne, toute la premiere,

GOGVENARD.

Sans voir Enec, au moindre bruit,
Pluftoft qu'aucuns Latins, s'enfuit,
Et cette petite Deeffe
Court plus vifte qu'vne Diableffe.
   Cependant le braue Eneas,
A la tefte de fes Soldats,
Auance, & tout couuert de poudre,
Va fur les Latins comme vn foudre,
Malgré leur Chef & leur appuy.
Voyant que le Champ eft à luy,
Il redouble; Et comme l'orage,
Quand il a creué le nuage,
Se vient precipiter par bonds
Dans les champs & dans les valons;
Et ne trouuant toits ny goutieres,
Tombe partout, &, par Riuieres
Qui femblent lors tout abyfmer,
Va couler à trauers la mer.
Cependant tout le voifinage,
Qui preuoyoit bien cet orage
Par le bruit & par le grand vent
Qu'il auoit fait auparauant,
Eft au defefpoir, & s'efcrie;
L'vn dit, adieu ma Métairie!
L'autre dit, j'en tiens pour mes blés!
Tant la crainte les a troublez.

Compa-raison.

VIRGILE

Tel & d'une pareille audace
Eneas leur donnoit la chasse,
Marchant en ordre auec ses Gens;
Gens au mestier intelligens,
Qui repoussoient Turne et ses Troupes,

Eneas & ses gens tuent grand nombre de Latins.
Et les tailloient comme des soupes:
Si que plusieurs y furent pris,
Tesmoin le gros homme Oziris,
Que d'un seul coup de Cimeterre,

Tymbræus tuë Oziris.
Thymbræus d'abord mit par terre:

Achates tuë Epulon.
Achates occît Epulon;

Archette est tué par Mnesthee.
Mnestee en donna tout du long
Au pauure & mal-heureux Archete:

Vsens par Gyas.
Vsens en eut dans la caillette,
Et le Capitaine Gyas
L'enuoya de vie à trespas.
Tolomne, y resta pour les gages,

Tolomnius le Deuin tombe mort sur la place.
Celuy, qui sous de faux presages,
Tira, malgré le Compromis,
Le premier sur les Ennemis:
Mais, s'il eust la main trop legere,
Il en paya la folle enchere;
& luy, qui faisoit le Deuin,
Ne peust pas bien preuoir sa fin.
Apres cette grande defaite,
Au lieu de combattre en retraitte,

Et s'en tirer auec honneur,
Soudain auec grande clameur,
Turnus & ses Troupes en suite
A trauers champs prennent la fuitte,
Et se retirent tous honteux,
Ne montrans que leur dos poudreux.
 Cependant le vaillant Enee,
D'vne roideur déterminee
Poursuit tous ces Allefeciers,
Tant les Pietons que les Lanciers,
Dédaignant d'en faire carnage,
Comme indignes de son courage;
Seulement il cherche Turnus,
Ainsi qu'ils estoient conuenus
De combatre tous deux ensemble,
Iuturne, qui de peur en tremble,
Vient à Metisque le Cocher
(Qui se laissoit trop approcher)
Du siege de la Cariole
Luy fait faire la cabriole
Entre les resnes des cheuaux,
Et l'estend sur la place aux veaux;
Car le timon, d'vne secousse,
Encore plus loin le repousse,
Et cette grande Virago,
Ayant ietté ce matago,

Turnus & les Latins prennent la fuice.

Enee les poursuit, & cherche Turnus parmy les ennemis, pour combattre auec luy seul à seul.

La Deesse Iuturne prend la figure & la place de Metisque, cocher de Turnus son frere.

Prend aussi-tost auec sa place,
Ses armes, sa voix & sa face,
Et tenant les guides en main,
Parcourt tous les coins du terrain;

COMPA- *Demesme que fait l'hirondelle,*
RAISON.) *Quand elle vole à tire d'aille,*
Tantost droit, & tantost de biais,
Dans l'espace d'vn grand Palais,
Pour y prendre quelque becquée
Qu'elle rapporte à sa nichee:
Elle voltige en mille endroits,
Vous luy voyez razer les toits,
Et puis faire galanterie
De gallerie en gallerie,
Hault, bas, &, la pluspart du temps,
Voler tout autour des étangs.

Iuturne con- *Ainsi, d'vne course legere,*
duisant le *Juturne fait passer son frere*
Chariot de
son frere *A trauers des Eneadains,*
Turnus, l'é- *Sans souffrir qu'il en vint aux mains.*
loigne tou-
jours d'E- *Car de la façon qu'elle volle,*
nee, & luy *Et qu'elle fait la caracolle,*
fait esquiuer
ses appro- *(L'éloignant pourtant d'Eneas,*
ches. *Dont elle redoutoit le bras)*
Vous diriez, qu'apres la Victoire,
Ainsi que sur vn Char de gloire,

GOGUENARD.

Elle le fasse triompher
Au milieu des dards, & du fer.
  De son costé le preux Enée
Couroit la gueulle enfarinée,
Et pour l'attraper aux détours,
Prenoit les chemins les plus courts :
Et voyant que sa course est vaine,
Et qu'aux quatre coins de la plaine
Turnus le faisoit promener,
& ne faisoit que lanterner ;
Il vous le mire & vous l'appelle,
Mais Turnus, vray Iean de Niuelle,
S'écartoit de son ennemy,
Et fuyoit en diable & demy,
Luy donnant du fil à retordre,
Et parmy ses gens en desordre,
Allant tousiours en serpentant :
Eneas en fait tout autant,
Mais toutes les fois qu'il le mire,
& , comme luy tournoye & vire,
Et qu'il croit l'auoir attrapé,
Zest, mon Turnus est échapé :
Sa sœur Iuturne la Deesse,
Le tire bien tost de la presse,
Tournant à gauche, ou bien à droit,
& fait des mieux claquer son foüet.

Enée ne laisse pas de le poursuiure.

Eneas, parmy ces bagâres,
Se laſſant de ioüer aux Barres,
Ne ſçait que faire en cet eſtat,
Il eſt émeu, le cœur luy bat :
Il donne au Diable la canaille,
Et peſte contre la bataille,
Où l'on ne fait rien que courir,
Et dont l'on ſort ſans coup ferir.
 Pendant qu'il reſuoit de la ſorte
Sur ce ſujet qui le tranſporte,

Meſſape tire ſur Enée, & ne fait qu'effleurer ſon armet.

Meſſape de loin le guinoit,
Et d'vn des deux dards qu'il tenoit,
Il vous luy fait ſauter la creſte ;
Et l'auroit frappé par la teſte,
S'il n'auoit plié le jaret,
Car le coup friza ſon armet ;
Dieu ſçait s'il en fut en furie,
Et ſi cette ſupercherie
Luy donna ſuiet de peſter !
Comme il ſe ſentoit emporter
(Car ſes cheuaux, par cette atteinte,
Reculoient de force ou de crainte)

Enée ayant eſquiué le coup de Meſſape prend reſolution de charger ſur les premiers venus, auſſi bien que ſur Turnus.

Il s'emporte d'vne autre ardeur,
Voyant qu'il y va de l'honneur,
Et tout en colere, il atteſte
Le Ciel, et la troupe Celeſte,

GOGVENARD.

Et Iupin tout premierement,
Que c'est contre son sentiment
Que la parole est violée;
Et, s'il entre dans la meslée
Malgré le Traité fait entr'eux,
Qu'il n'entend point blesser les Dieux.
Apres ces trois mots de Preface,
Animé du Dieu de la Thrace,
Il lasche la bride au couroux,
Et va tout au travers des choux,
Terrassant d'estoc et de taille
Pagnottes, preux, vaille que vaille,
Et sans aucun discernement,
Il vous les charge également.

O! comment pourrois-je décrire,
(A moins que Phœbus ne m'inspire,
Phœbus Burlesque ou Serieux)
Tant de carnages furieux,
Tât d'efforts, tant d'exploits de guerre,
Tant de Chefs renversez par terre,
Par Turnus ou par Eneas,
Qui n'épargnoient pas là leur bras!
Par quelle étrange fantaisie,
Ou plustost quelle frenesie
D'un esprit par trop abusé,
Iupiter s'est-il avisé

Auparauant que de faire main basse il atteste les Dieux que c'est à contre cœur qu'il se porte à cette extremité.

Grands exploicts d'Eneas & de Turnus.

O

De mettre ces gens en querelle,
Qui, par vne paix eternelle,
Et par des siecles infinis,
Deuoient par apres estre vnis!
Comment souffroit-il ce desordre!
Et pourquoy les laissoit-il mordre!
Car messieurs les Italiens,
Et ces fins mattois de Troyens,
S'entrefrottoient de bonne sorte,
Et n'agissoient pas de main morte.
Enee à ce coup, tout de bon,
S'attaque au Rutule Sucron,

<small>Enee commence par Sucron Rutule de Nation, & le iette mort sur la place.</small>
Et d'vne certaine enfilade,
Dont on n'est pas long temps malade,
Luy passe de tous ses efforts,
Son espée au trauers du corps :
Et dés là, ce rude carnage
Aux Troyens double le courage,
Leur marquant le lieu du combat,
Par ce premier eschec-et-mat.

<small>Turne perce Diores & Amycus freres & leur coupe la teste qu'il attache à son chariot, côme des trophees.</small>
Turnus d'ailleurs, met pied à terre,
Et frappe de son cimeterre
Diore, et son frere Amycus,
Et les ayant tous deux vaincus,
(Soit par le glaiue ou par la lance,
Ce n'est pas vn point d'importance,)

GOGVENARD.

Aussi-tost il se met sur eux,
Leur coupe la teste à tous deux;
Et pour marque de son courage,
En fait vn superbe étalage,
Comme d'vn Trophee opulent,
Sur son Chariot tout sanglant.
Turne, * qui dru vous les embroche,
En enuoye trois d'vn' approche
En Paradis à reculon,
Tanaïs, Cethegue et Talon:
Et pour ne les laisser sans suitte,
Il assomme le pauure Onyte,
Qui pleuroit encor comme vn veau,
Quand il fut mis sur le carreau.
Ce Thebain, fils de Peridie,
Qu'on croyoit d'vne humeur hardie,
Enrageoit, et ne vouloit point
Laisser le moule du pourpoint.
Item, Turnus reuient encore,
[Il bat, il fracasse, il deuore,
Et se demeine au premier rang
Comme vn tigre affamé de sang,]
Il terrasse et vous expedie
Les freres venus de Lycie,
Païs, où Phœbus blond-doré,
Est des bonnes gens adoré,

Tuë Tanaïs Cethegus, Talon & Onytes, fils de Peridie, femme de Thebes &c.

* Ce fut Turnus (& non pas Enee) selon Donat. qui tua ces trois.

> Et le pes-
> cheur Menè-
> te.

Il perce le pauvre Menette,
Qui n'aimoit que besongne faite,
Et qui iamais ne s'adonna
Qu'à pescher au fleuve Lerna;
Ou sur le bord d'une Riviere,
Qui couchoit dans vne Chaumiere,
Qui n'auoit pas denier contant,
Mais qui viuoit heureux pourtant,
Non obstant son petit Menage:
Son pere tenoit à loüage
Le champ qui luy donnoit du pain,
Et qui luy rapportoit du grain:
En vn mot le pauure Menette
Trembloit au son de la Trompette,
Et chacun tenoit ce pied-plat
Pour bon homme, & méchant soldat;
Pourtant, quoy qu'il haïst la guerre,
Turnus d'vn coup le met par terre,
Sans s'informer ny s'enquerir
S'il auoit regret de mourir.

  Eneas, cet ardent courage,
De son costé faisoit rauage;
> COMPA-
> RAISON.

Comme quand de diuers endroits
Le feu gagne le fort d'vn bois,
Mais d'vn bois, dont la feüille seche,
Prend plus viste que de la méche:

GOGVENARD.

Il a beau venter ou pleuuoir,
Rien ne resiste à son pouuoir;
Aussi-tost la Forest craquette,
On entend le Laurier qui pette,
Et les arbres petits et grands,
Sont consommez en peu de temps.
Ou quand d'vne haute Montagne
Deux Torrens viennent en campagne;
Et par des chemins tortueux,
Tous deux, d'vn cours impetueux,
Entrainent leurs ondes bruyantes
D'écume toutes blanchissantes,
Qui se vont enfin abysmer
Dans le vaste sein de la mer,
Apres qu'elles ont fait rauage
Dans tous les endroits du passage.
 De mesme nos deux Fiers-à-bras,
Soit Turnus, soit Maistre Eneas,
Dans l'ardeur qui les accompagne,
Font les Diables à la Campagne:
Ils combattent auec chaleur,
Le sang boüillonne dans leur cœur,
(Tant leur presence les irrite)
[Comme l'eau dans vne marmite,
Et bruslent comme vn pot au feu]
Car, d'en relascher tant soit peu,

COMPA-
RAISON.

O iij

Leur grand cœur ne leur peut per...
De fléchir, ou de se sousmettre:
Si que ces deux braues Riuaux
Creuent tous deux dans leurs Paneaux;
& cette fois chacun s'en donne,
Sans respecter Dieux ny personne.

Là parut vn méchant hableur,
Tel qu'est souuent vn grand parleur,
Qui faisoit sonner sa Naißance,
& disoit estre de l'engeance
Des Princes & des Roys Latins,
Qu'il daignoit nommer ses Cousins:
(Car ie croy que ce Personnage
Estimoit leur faire auantage.)
Murran (ainsi se nommoit-il)
Grand homme, au moins par son babil,
Qui se faisoit ainsi de feste,

Eneas assomme Murran d'vn coup de pierre.

Trouua bien tost qui luy tint teste:
Car enfin d'vn coup de caillou
Eneas luy froissa le cou;
& fit tomber ce miserable
De son Chariot sur le sable:
Si bien qu'apres ces soubre-saults,
Il se trouua sous ses cheuaux,
Qui ne connoissoient plus leur Maistre,
Quoy que pour se faire connoistre,

GOGVENARD.

Il leur criast encor, dit-on,
Qu'il estoit de bonne Maison.
Cependant il meurt dans la boüe,
Sous les cheuaux & sous la roüe;
& l'on vit Monsieur le benais,
En vn moment plus plat qu'vn ais.
Hylus, ainsi qu'on le raconte, *Turnus fait*
N'y trouua pas non plus son conte: *sauter la cer-*
Car comme il contoit des fagots, *nelle à Hylus*
& faisoit vn peu le gros dos, *& luy laisse*
Leste, & doré comme vn Calice, *le dard dans*
Turnus vous le traitte en nouice, *la teste.*
& perce cet éuaporé
A trauers son armet doré,
Luy laissant, sans faire autre enqueste,
Le dard au milieu de la teste.
Crete suiuit le mesme train, *Il assomme*
& mourut de la mesme main: *encor Cre-*
Et, quoy qu'autrefois dans la Grece *teüs.*
Il eust fait valoer sa proüesse,
Son bras fut court contre Turnus.
Le paure Prestre Cupentus, *Enee tuë le*
Tomba sous la patte d'Enee; *Prestre Cu-*
Il en eust pour sa bonne annee, *pentus.*
Car son bouclier, quoy que d'airain,
Qui luy couuroit le corps à plain,

VIRGILE

Ne pût pas faire que la vie
Sur le champ ne luy fust ravie;
Et son Sacre, et mesme ses Dieux,
Ne pûrent, quoy qu'industrieux,
Empescher que ce miserable
A leur barbe n'allast au Diable.

  Pendant ces Exploits d'Eneas,

Turnus étant sur la place le fameux Eolus.

Turne, qui ne s'endormoit pas,
Fit faire horrible cabriole
A ce grand Colosse d'Eole,
Et de son effroyable corps,
Et de ses membres roides morts,
Vous luy fit, contre son attente,
Mesurer les champs de Laurente;
Car il pensoit manger Turnus,
Mais Turnus en eut le dessus.
,, Ses gens, pour celebrer sa gloire,
,, Chanterent par tout cett' histoire:
,, Car cet Eolus tout de bon,
,, S'estoit acquis un grand renom,
,, Ayant montré sa hardiesse
,, Contre les plus forts de la Grece.
,, Turne apres l'avoir abbatu,
,, En fit plus valoir sa vertu;
,, Et certes, par cet avantage,
,, Il la rehaussa d'un étage.

        Chacun

GOGVENARD. 113

,, *Chacun railloit (en sa faueur)*
,, *D'Eolus, & de son malheur:*
,, *Vn gaillard d'Historiographe*
,, *Fit sur le champ son Epitaphe,*
,, *Dont voicy les mots & le sens,*
,, *Mais pour le chant, il est du temps.*

  Ole, que les plus habiles
  N'ont iamais pû faire bouquer,
Qui se gabba cent fois d'Achilles,
Le renuoya faire picquer;
 Qui, (malgré l'effort de la guerre,
Qui mist Troye & Priam par terre,)
Ne peult iamais estre vaincu;
Cette fois en a dans le cu.

Epitaphe d'Eolus ou d'Eole en Vaudeuille, sur le chant de la Fronde.

Occidit! Argiua quē non potuere phalanges Sternere, nec Priami regnorum, euersor Achilles, &c.

 Sa Resolution fut nulle,
Son Dessein mal effectué:
Il pensoit tuer le Rutule,
Mais le Rutule l'a tué.

 Et tout aussi-tost qu'il s'appreste
A luy faire voler la teste,
Il git de son long estendu,
Et qui vouloit perdre, est perdu.

 A quoy t'a seruy ton adresse?

P.

VIRGILE

114

A quoy te sert, pauvre Eolus,
Ce fameux Palais de Lyrnesse,
Et tout le bien que tu n'as plus?
 Te voila sec, & dans Laurente
Il n'est personne qui ne chante,
Cy git Eolus etendu,
Qui voulut perdre, & fut perdu.

Aussi-tost dans toute l'Armee,
En la maniere accoustumee,
Chacun chanta ce Rocantin,
Composé pour lors en Latin. *
De mesme qu'en nostre langage,
Quand nous aprenons le domage
De l'Espagne, ou du païs bas,
Nos Gaillards ne s'épargnent pas;
& debitent le Vau-de-ville,
Tantost sur l'Air de Thionville,
Des Lenturlus, des Triolets,
Des Pour-et-contre, Tricotets,
Qu'en Dira-t'on, Tuton-tuténe,
& sur le viel chant de Biréne:
Témoin ceux qu'on chantoit icy
Sur la mort de Bek et Mercy,
& des Heros, que ce grand Foudre,
Condé, met tous les iours en poudre.

* Occidis Argiuæ quem &c.

GOGVENARD.

Bref, chacun dans le Camp Latin,
D'Eolus chantoit le Destin.
Mais lors on changea de *Batrie,
Et ce fut bien la Diablerie
Quand le Gros vint à se heurter,
Il falut bien-tost déchanter:
Car aussi-tost le feu s'allume,
Et plus prestes que de coustume,
Les Troyens contre les Latins
S'acharnent comme des Mastins.
Là Mneste, là le preux Sereste
Dans le combat se manifeste :
Là Messape, item Asylas,
Qui n'estoit pas encore las,
D'Euander la Caualerie,
Et des Toscans l'Infanterie,
Tout de bon se frottoient le corps,
Et taschoient de tous leurs efforts,
Qui pour Turne, qui pour Enée,
A signaler cette journee,
Sans s'oublier, comme ie croy,
Car chacun veille aussi pour soy,
Soit pour sa vie, ou sa fortune :
Si bien que sans remise aucune
Ils frappent en desesperez,
Frisc & frasc, et vous en aurez!

* Il faut dire Battrie, & nõ batterie, (quoy qu'il ust esté plus aisé de faire le vers ainsi) sauf toutefois le iugement de MM. de l'Accademie, auquel ie me soumets. Ma raison est, que ce mot vient de battre, & nõ pas batter, ainsi on dit, diablerie, & nõ diabolerie, &c. Ce lieu ne permet pas d'en dire dauantage, nous en parlerons ailleurs plus à propos. l'en ay seulement touché quelque chose, parce que ce mot est deux fois ainsi dãs ce Liure, & que quelques-vns m'en ont fait la guerre.

Le cõbat deuient plus furieux qu'auparauant, & les troupes des deux partis se battẽt à toute outrãce.

VIRGILE

Hé pousse Garçon! boutte, donne!
Pour faire court, il n'est personne
Dans ce vaste & sanglant Combat,
Qui n'agisse en brave soldat.
   Venus, qui n'estoit adonnée
Qu'à soigner à son fils Enée,
En ce temps, luy met dans l'esprit,

<small>Enée inspiré par Venus, prend resolution d'attaquer la ville de Laurente, derriere les murs de laquelle on cõ batoit.</small>

Malgré la chaleur du conflit,
De donner un peu l'épouuante
Aux Latins, Bourgeois de Laurente,
Et prendre leur Ville d'assaut.
Luy, qui tousiours le nez en haut
Tournoit et viroit dans la place,
Pour regarder Turnus en face,
Sur la Ville iette les yeux,
& songea qu'il feroit bien mieux
D'aller surprendre cette Ville,
Jmpunement calme & tranquille,
& qui n'auoit point eu sa part
Du mauuais temps ny du hazard.
Ce nouvel objet qui l'enflame,
Luy fait soudain changer de Game:

<small>Enée sur vne Eminence, communique son dessein à ses principaux Officiers.</small>

Il se retire incontinent,
Se saisit d'un poste éminent,
Appelle Mnestus et Sergeste,
Et le Capitaine Sereste.

GOGVENARD.

Les Officiers & les soldats
Marchent en foule sur leurs pas;
& tous, (armez à l'ordinaire,
Comme estans tous prests de bien faire,
& retourner dans les hazards)
Sans déposer boucliers ny dards,
L'écoutent parler de la sorte,
Tout debout parmy la Cohorte.
Compagnons, dit-il, ie voy bien
Que iamais nous ne ferons rien,
Si nous ne prenons cette place,
Quelque resistance qu'on fasse;
& de peur que ce haut dessein
Ne vous puisse glacer le sein,
Ou vous faire vne cacade,
Tout prests d'aller à l'escalade;
Apprenez, & figurez-vous,
Qu'icy Jupiter est pour nous.
Ne vous brouillez point la ceruelle
Par cett' Entreprise nouuelle,
Qui vous feroit en ce moment
Peut-estre agir plus mollement.
Si le Latin ne se veut rendre,
Dés aujourd'huy ie mets en cendre
& sa Ville, et ses bastimens,
Et les murs iusqu'aux fondemens.

Harangue d'Evce a ses gens

VIRGILE

Bref, j'entends de tout mettre à terre,
Sans qu'il reste pierre sur pierre :
Car d'estre icy le bec en l'eau,
Tant que Turnus, qui fait le veau,
Veüille attaquer, ou se defendre,
Par Iupin! i'aurois bel attendre ;
Mes plus grands efforts seroient vains,
Ainsi, ie luy baise les mains.
Aussi bien ce fat de Rutule
Sans cesse s'enfuit, ou recule,
Et pour le faire enfin perir,
Il faudroit sçauoir bien courir.
Mais ie luy cede pour la course,
Il en faut venir à la source.
Voicy, chers & vaillans Troyens,
Ce qui fait vos maux & les miens.
Sus donc, n'épargnons point nos Ames,
Ayons-en raison par les flames :
Et, pour vanger les Immortels,
Du mépris fait à leurs Autels,
Mettons fer & flâme en vsage.

Ce discours leur donne courage,

Les Troyens persuadez par cette harangue tournent vers les murs de Laurente.

Et tous, aussi-tost qu'il eut dit,
Outrez, par vn iuste dépit,
Doublent leur rang, serrent leur file,
Vont aux murailles de la Ville ;

GOGUENARD. 119

Les vns, quoy qu'on fût en plein iour,
Dreffent des échelles au tour,
Vont fierement à l'efcalade;
D'autres, malgré toute embufcade,
Vont auec double Gernibleu
Droit aux Portes mettre le feu,
Tuans tout ce qui fe prefente,
De la Cabale de Laurente.
Plufieurs iettent des dards en l'air,
Qui font, auant que de tomber,
Vers le Ciel vn épais nuage,
Et tombent aprés comme orage,
Sur la tefte des Laurentins,
Qui peftoient contre les Deftins.
Eneas, qui pour l'ordinaire
Ne fait pas tant mal fon affaire,
Fit lors vn tour de fon métier,
Et foudain fe mit à crier,
(Tendant la main vers leurs murailles,)
Afin d'enjôler ces Canailles)
Et protefta fur fes Grands Dieux,
(Comme il eftoit homme pieux)
Qu'auec vne douleur profonde,
Et tous les déplaifirs du monde,
Il venoit troubler leur repos :
Mais que Latin, mal à propos,

Dreffent des échelles &

Mettent le feu aux Portes.

Adreffe d'Eneas pour gaigner l'efprit de quelques Bourgeois de Laurente, & pour mettre la ville en diuifion.

VIRGILE

Ayant deux fois esté parjure,
Avoit causé cette auenture.
 Ce coup ne fut pas mal adret,
Et son discours eut son effet :

Diuision & partialitez parmy les habitans de Laurente.
Soudain le Bourgeois se diuise,
Chacun arbore sa deuise :
Les vns d'entre les Citoyens
Veulent faire entrer les Troyens,
Et leur Cabale est obstinée
A receuoir e preux Enée,
Et le saluer comme Roy,
Mettant Latin en desarroy.
Les autres zelés pour leur Maître,
Iugeants, comme ils faisoient parêtre,
Que les remedes les plus surs
Estoient de defendre leurs murs ;
Auec armes de toutes sortes,
Vont faire bonne garde aux Portes,
Pour parestre bons Citoyens.

Bravoures des Parisiens pendant le blocus.
..Ainsi que nos Parisiens,
..Lors que leur ville fut blocquée,
..E qu'vn Prince l'eut attaquée,
..Prince éprouué par cent combats,
..Qui valoit bien deux Eneas :
..Et qui, pour forcer des murailles,
..Ou pour remporter des Batailles,

N'en

GOGVENARD.

.. N'en reconnoist point auiourd'huy
.. Qui se puisse égaler à luy.
.. Ainsi, dis-je, qu'en cette Ville,
.. Auparauant calme & tranquille,
.. Les Parisiens habitans
.. Se tremoussoient de nostre temps ;
.. Alors que Dame Populace
.. Par tout se faisoit faire place,
.. Et que le moindre des Bourgeois
.. Se mesloit de donner des lois :
.. Le plus chetif leuoit la creste,
.. Et tous auec le pot en teste,
.. Laquais, Artizans, Hôteliers,
.. Estoient deuenus Caualiers.
.. On ne voyoit que gens de Halle
.. Dans toute la Place Royale,
.. Où ces gredins vestus de fer,
.. Sembloient aller pour triompher,
.. Croyant reuenir des Rencontres,
.. Quand ils venoient de faires Môtres :
.. Car tous ces petits Argoulets,
.. Tirans toûiours leurs pistolets,
.. Pensoient que c'estoit en découdre
.. Que de bien vser de la poudre,
.. Et de crier incessamment,
.. Viue Roy, viue Parlement ;

Q

.. Le plaisir, c'est quand leurs Cohortes
.. Alloient pour faire garde aux Portes:
.. On voyoit marcher les Bourgeois
.. Ou quatre à quatre, ou trois à trois:
.. La Jeunesse estoit effarée,
.. Et marchoit en deliberée :
.. Mais vous eußiez veu le Vieillard
.. Marcher en braue & vieux soudard,
.. Dans vne mine graue & fiere,
.. Auec la Fraize & la Iartiere,
.. Bas d'Estame, soulier licé,
.. Et le Haudechauße froncé.
.. Si tost qu'ils estoient à la Porte,
.. Ils veilloient de si bonne sorte,
.. Qu'aucun de nous n'eût pû sortir,
.. A moins que de se trauestir,
.. Changer de mine & de posture,
.. Aussi faisoit-on, ie vous iure.
.. Car mesme les plus grands Seigneurs,
.. Les vns vestus en Ramonneurs
.. Auec perches & gibbeciere,
.. Passoient sans regarder derriere,
.. Crians quelquefois, Hault à bas,
.. Aux nez de ces pauures soldats.
.. Autres crioient de l'Eau-de-vie ;
.. Et chacun selon son enuie

GOGVENARD.

,, Prenoit la mine & le métier
,, Qui de Forain, qui de Chartier,
,, Pour plus aizément faire gille
,, Et se sauuer de cette Ville:
,, Car de penser, qu'en Fanfaron,
,, Sans Passeport signé Feron,
,, On eût pû, le cul sur la selle,
,, Enfiler ainsi la venelle,
,, Ou qu'on voulust sortir Paris,
,, Sans perir, ou sans estre pris ;
,, Ce n'estoit pas-là la maniere:
,, Témoins Halan-la Baziniere,
,, Le braue Marquis de Ionzac,
,, Doline, pour lors dans Vaillac,
,, Tous trois tuez de mousquetades,
,, Et le pauure Roquetaillades,
,, Que ie pleure encor auiourd'huy,
,, Car i'auois amitié pour luy.
,, Bref, on passoit par l'étamine,
,, Si l'on ne deguisoit sa mine,
,, Quoy qu'auec ce deguizement,
,, Quiconque ûst soufflé seulement,
,, Eust-il satisfait au Qui viue ?
,, Il estoit pris comme vne griue.
,, Quelques Dames en Bauolet,
,, Ou sur la teste vn Pot-au-lait,

M. le Preust. Feron estoit pour lors Preuost des Marchands.

Q ij

.. Ou bien barboüillant leur visage,
.. Heureusement trouuoient passage,
.. Criant choux gelez ! choux gelez !
.. Parmi les Gardes enjolez.
.. Mais, si, par mauuaise fortune,
.. Quelqu'vn en remarquoit quelqu'vne,
.. Dans le dessein de se sauuer,
.. Et toute preste d'esquiuer,
.. Elle estoit conduite entre mille,
.. Sur le champ à l'Hostel de Ville,
.. Ou l'on alloit incontinant
.. Au Capitaine, ou Lieutenant,
.. Tous deux Officiers de Iustice,
.. Entendus en fait de milice,
.. Et ces Messieurs les Conseillers
.. (Pour lors en habit de Guerriers)
.. Estant informez de l'Histoire,
.. Par vn bon Interrogatoire,
.. Qui sentoit le Quis ? Quid ? Vbi ?
.. Vouloient, malgré tout Alibi,
.. Que ces Dames mal-habillées
.. De bout en bout fussent foüillées,
.. Pour sçauoir ce qu'elles portoient :
.. Elles pleuroient, elles pestoient ;
.. Mais d'autant qu'vne simple lettre
.. Sous vne paille se peut mettre,

GOGVENARD.

" Et se peut aizément cacher,
" On ne laißoit pas de chercher :
" Ces Capitaines de Justice
" Leur auroient bien pû faire Office,
" Mais possible ils ne l'osoient pas,
" Le Peuple estant maistre en ce cas ;
" Seulement ce qu'ils pouuoient faire,
" Cette forme estant necessaire
" Pour la seureté des Bourgeois,
" Estoit, de dire que les Lois
" Ainsi l'ordonnoient, & qu'au reste
" Ils l'auoient appris du Digeste,
" En certain endroit Titulo   *ff. de insp.*
" De ventre inspiciendo.   *ventr. inst.*
" Ainsi se fondoient-ils en Texte,   *part.*
" Afin d'éloigner tout pretexte
" A tel qui, dans l'occasion,
" Les eût taxez de passion.
" Car, soit qu'ils fissent reprimande,
" Ou condamnaßent à l'amende,
" Ou frappaßent pour quelqu'abus,
" Ils frappoient Lege Fustibus,   *Cod. ex quib.*
" Ordonnans & faisans les peines   *causs. inf.*
" En Conseillers, & Capitaines ;   *irro.*
" Et donnoient du Lege tali,
" Chargeant quiconque auoit failli.

Q iij

,, *La Discipline Militaire*
,, *Estoit en ce poinct necessaire ;*
,, *Et sans cet ordre, dans Paris,*
,, *On eust veu grands chariuaris :*
,, *Car, outre l'attaque & l'insulte,*
,, *On craignoit encor le tumulte*
,, *Des petits Peuples animez*
,, *Hurlants comme loups affamez ;*
,, *Et qui fondent leur esperance*
,, *Sur les desordres de la France,*
,, *Et sur les Troubles Intestins.*
 En pareil cas, les Laurentins
Auoient des craintes sans pareilles,
Trepignans plus que des Abeilles

COMPA-
RAISON.

Ne trepignent quand vn galan,
Par hazard, vn beau iour de l'An
Les vient enfumer dans leur grotte :
Soudain ce petit Peuple trotte
Dans son camp de cire & de miel,
Bourdonne & témoigne son fiel,
Dés qu'il a senti la fumee,
,, *Dont la pluspart est enrumee ;*
,, *Ou quelquefois meurt du poulmon,*
,, *Faute de Sirop de Limon ;*
,, *(Quoy que de miel on puisse faire*
,, *Gargarisme, comme Clistere ,*

.. Et qu'au cas qu'on en ait besoin
.. Le remede n'en soit pas loin,
Mais, quoy qu'il en soit, ces Auettes
Dans le creux de leurs maisonnettes,
Ont tant de peur, font tant de bruit,
Que le Rocher en retentit:
Et ne sortent point d'épouuente,
A moins que l'odeur ne s'éuente.
[Ainsi nos Laurentins pressez
Se trouuent fort embarassez.]
Mais comme les maux s'entresuiuent,
Et que iamais seuls ils n'arriuent;
A ce mal, vn autre suruient
Plus grand que celuy qui les tient:
Car la Reine toute interdite,
Voyant, du haut d'vne Guerite,
L'Ennemi prés de ses Ramparts
Ietter du eu de toutes parts,
Sans que iamais aucune Troupe
Parut pour le charger en croupe,
Creut que tout estoit renuersé,
Que Turnus estoit fricassé,
Et que par le sort de la guerre
Il auoit esté mis par terre.
Cet objet luy trouble le sens,
Luy donne des remors puissans ;

Amata femme du Roy Latinus croyant Turnus mort, parce qu'il ne venoit point au secours de Laurente oùelle estoit, se desespere, & se fait mourir.

Elle se nomme criminelle,
Met toute la faute sur Elle,
Et fait éclater sa fureur
Auec des termes pleins d'horreur.
Iusque-là, que la pauure Amate
Rompt sa Cymare d'écarlate,
La déchire de bout en bout ;
Mais ce n'est pas encore tout ;
Cette Royne passe bien outre ;
Car pour lors au haut d'vne poutre,
Mettant vn funeste lasset,
Elle s'en serra le sifflet.
,, *Possible qu'elle auoit enuie*
,, (*Loin de croire y perdre la vie*)

<small>Il y a peu de gens qui n'ayent veu l'Escarpolette que Mr Hesselin a fait faire sur l'eau en sa maison de Chantemesle lés Estaulne.</small>

,, *De faire cabriole en l'air,*
,, *Ou peut-estre de brandiller.*
,, *Mais au Diable telle amuzette !*
,, *Fi de tel jeu d'Escarpolette !*
,, *Si ce n'est chez nostre Hesselin,*
,, *Où l'Honneste-homme ou l'Estrelin,*
,, *Librement Escarpoletize*
,, *Sans crainte d'aucune surprise :*
,, *Si ce n'est quand le Maistre adret*
,, *Vient lascher certain robinet,*
,, *Et vous fait iouër la cascade*
,, *Sur vn Bados qui fait gambade ;*

,, *Et*

GOGVENARD.

Et qui mefme fort bien & beau
Le plus fouuent tombe dans l'eau.
Vn autre aprés frize la vague,
Et la lance en main court la bague,
(Donnant aux Dames paſſe-temps)
Et pluſieurs coups donne dedans.
Bref, dans ce lieu de Chante-meſle
Tout le monde vit peſle-meſle :
(Mais pour Eſcarpoletizer,
Et, tout au plus, rire & cauſer :
Car d'en pretendre dauantage,
Seroit aller contre l'vſage,)
Sa maiſon eſt petite, mais
Auſſi l'on ne s'y perd iamais ;
Et c'eſt choſe non entenduë
Qu'vne fille s'y ſoit perduë,
Car malgré les petits détours
Elle ſe retrouue toûiours.
Mais quoy (ſoit large, ou bien étrette)
Ne quittons point l'Eſcarpolette,
Auſſi bien faut-il brandiller,
Et ce n'eſt que trop babiller
Sur cette fameuſe deuiſe
Parua quidem, ſed : qu'il a miſe
Sur la face de ſon logis
A main gauche du Pont-levis.

La maiſon de M. Heſſelin à Eſſaulne ſe nõme Chante-meſle.

Sur la porte de Chante-meſle il y a pour inſcription en lettre d'or, parua quidem, ſed.

VIRGILE

» Alors que i'auray moins à faire,
» I'en promets vn long Commentaire:
» Et ie feray voir que ce Mais,
» Soit qu'on l'écriue Mais, ou Mets,
» Vaut mieux que celuy de Lorraine.
» Ie reuiens à ma pauure Reyne
» Qui brandilla seule, sans bruit,
» Et tant, que mort s'en ensuiuit.
» Comme on la trouua toute droite,
» Suspenduë à l'Escarpolette;
» On croyoit qu'elle fist semblant
» D'expirer dans ce nœud coulant,
» Et qu'elle ne fût de la sorte
» Que pour contrefaire la morte;
» Veu, dit-on, que sa Majesté
» En cet estat auoit petté:
» (Ce qui n'est pas extraordinaire,
» Car les vents sortent par derriere,
» Quand le gozier est empesché,
» Et quand ce passage est bouché.)
» Aussi-tost parmi ce tumulte,
» Vn chacun, comme il peut, consulte,
» On taste son poulx, & sa main,
» On luy palpe le Gispondain;
» (Pour ne pas dire le derriere)
» Mais tout cela ne sert de guere,

GOGUENARD.

  Le seul remede est, de gemir,
  De faire des cris, & fremir.
O! Dieux, ô! quelles grizes mines
Firent lors les Dames Latines;
(Car si tost que cela se sceut,
Chacune au Palais accourut)
O! que de clameurs & de plaintes,
Aprés de si viues atteintes!
Ce piteux cas perçoit le cœur
A toutes ses Filles d'Honneur.
Sur tout la pauure Lavinie,
Les yeux morts, la face ternie,
Comme on l'a dans tels accidents,
Ne pouuoit desserrer les dents.
Mais (comme elle estoit courageuse)
Déja d'vne main outrageuse
Elle s'arrachoit les cheueux,
Portoit les ongles à ses yeux,
Et s'égratignoit le visage:
Ce qui fit redoubler la rage
A tous les Galands d'alentour,
Qui n'auoient bougé de la Cour.
[Où chacun croyoit estre vtile,
Bien plus qu'à defendre la Ville.]
Ce fut là que l'on vit des pleurs,
Et que l'on oüyt des clameurs.

R ij

Pleurs & gemissements des filles de la Cour sur la mort d'Amata.

Les lamentations de Lavinie, apprenant l'attentate de sa mere.

Douleur & déplaisir des galants de la Cour, tant de la mort de la mere, que de tristesse de la fille.

La grosse douleur se débonde,
Et l'on entend que tout le monde

Methode de pleurer, en Latin & en François tout ensemble.

Fait, en ce malheur impreveu,
Ah! ah! hé! hé! hei! hei! ô, heu!
Bref, tout le Palais est en larmes,
Les moins émus faisoient vacarmes
Les pierres mesme en gemissoient;
[Car puis qu'elles retentissoient,
Au bruit des Helas & des plaintes,
Elles témoignoient estre atteintes
De toutes les mesmes douleurs
Qui faisoient verser tant de pleurs.]
   Or cependant dans tout Laurente
Ce bruit court, & le deüil s'augmente:

Deüil de Latinus mary de la deffunte Amata.

On met la Reyne en un cercueil,
Et le Roy Latin prend le deüil.
Selon la façon coutumiere,
S'épice le chef de poussiere,
[Quoy qu'elle fourche les cheveux]
Et s'estime bien malheureux,
Se trouuant après tel esclandre
Dans une Ville, qu'il voit prendre,
Sans y pouuoir donner secours:
O, qu'il fit lors de beaux discours,
Prest de donner du nez en terre,
Sur le sujet de cette guerre!

GOGVENARD.

Combien s'en rongea-t'il les doits ?
Enrageant d'auoir autrefois
Rebutté le preux Fils d'Anchise,
A qui sa fille estoit promise.
　Pendant ce desastre nouueau,
Turnus étourdy du bateau
Couroit toujours la pretanteine,
Et suiuoit au bout de la plaine
Quelques-vns des Eneadins,
Débandez comme des Gredins.
Il auoit l'oreille pendante,
Et cett' humeur iadis ardente,
Qui faisoit craindre sa valeur,
Auoit perdu de sa chaleur,
Aussi bien que ses dromadaires,
Qui n'auoient pas eu peu d'affaires,
Et qui pour lors ne pouuoient pas
Aller plus viste que le pas,
Dont il enrageoit au possible ;
Mais le mal luy fut plus sensible,
Et le coup le frappa bien plus,
Alors que par vn bruit confus
Il iugea l'histoire sanglante,
Et le desordre de Laurente,
Hé! dit-il, (& comme en sursaults,
Arrestant soudain ses cheuaux,

Turnus sur quelques bruits côfus qu'il entend, coniecture le desordre de Laurente.

R iij

VIRGILE

Interdit & presque immobile)
Fait-on faction dans la Ville ?
Quel bruit tant dedans que dehors,
Quels cris comme de gens discords,
Sont venus frapper mes oreilles !
Comme il alloit dire merueilles,
Et commençoit à se fâcher,
Sa sœur transformée en Cocher,
Et qui tenoit encor les guides
De ses cheuaux las & languides,
L'interrompt & vient au deuant
De ce qu'il eût mis en auant.

Discours que Iuturne deguisée en Cocher, fait à son frere Turnus pour l'empescher d'aller chercher Enée.

Allons Turnus, ce luy dit-elle,
Où la Victoire nous appelle !
Suiuons le chemin que ie tiens,
Afin de charger les Troyens :
Nos soldats & la Populace,
Pourront bien defendre la place :
Vangeons sur ces Eneadins
Le tort qu'on fait aux Laurentins.
Ie vous répons d'vne Victoire,
Qui nous va tous combler de gloire,

Réponse de Turnus à sa sœur Iuturne, qu'il reconnoist sous la figure de son Cocher.

Et ie vous promets qu'Eneas
Sur vous ne l'emportera pas.
O ! ma Sœur, reprit Turne à l'heure,
(Car ie vous connus ou ie meure

GOGVENARD.

Luy dit-il, dés qu'adrettement
Vous rompistes le reglement
Pour faire tout ce tintamarre;
Mesme en cette forme bizarre,
Ie reconnois, sans trop chercher,
Iuturne à trauers le Cocher)
Mais encor, aimable Deesse,
Puisque i'ay découuert l'adresse,
Ne me tenez point en suspens :
Et sans barguigner plus long-temps,
Apprenez-moy, ie vous conuie,
Qui vous a pû donner enuie
De venir du Ciel, icy bas,
Fatiguer parmy nos soldats ?
Estoit-ce pour voir la misere,
Où se voit Turnus vostre frere?
Estoit-ce pour me voir perir ?
Car rien ne me peut secourir :
Ie voy qu'il faut, quoy que ie face,
Bon gré, malgré suiure la trace
De Murrhan amy malheureux,
Que i'ay veu mourir à mes yeux;
Et qui frappé d'vn coup de pierre,
Moribond, & le nez en terre,
Sembloit en ces derniers abois
Appeller Turne à haute vois.

Murrhan ci-dessus tué par Enée d'vn coup de pierre.

Ie voy bien qu'il me faut le suiure,
Et que ie ne doy point suruiure

Vsens tué
ci deuant
par Gyas.

A ce pauure Vsens, qui n'est mort,
Que peur de suruiure à mon sort :
(Car s'il n'en eust fait le presage
Il auroit vescu dauantage.)
Les Troyens iouyssants, ainsi,
Des armes & du corps aussi ;
Et par vne derniere injure,
L'ayans priué de sepulture,
Ie voy bien, & ne doute pas,
Qu'il me faudra suiure ses pas.
Mais quoy, faut-il sans me deffendre,
Me preparer à cet esclandre !
Voir Eneas victorieux,
Démolir la Ville à mes yeux !
Et bref, pour m'acheuer de peindre,
Employer le temps à me plaindre ;

Voyez la ha-
rangue de
Drances &
celle que fit
Turne en
plein Senat.
Pone animos
& pulsus
abi. Virg. l.
11.

Ou fuyr, comme disoit Drancés,
Honteusement, & sans succez !
Non, non, mon bras & mon courage
[Feront mentir ce Personnage,
Dans le sot iugement qu'il fit :]
Et ie ne veux pas qu'il soit dit,
Que sans valeur, ou sans conduite,
Le grand Turnus ait pris la fuite.

Le mal

GOGVENARD.

Le mal que ie puis encourir
N'est qu'au pis aller, de mourir:
Mais, est-ce chose si cruelle?
La mort n'est qu'vne bagatelle:
Or s'il me faut passer le pas,
Vous, Ombres d'Enfer! en ce cas,
Demons, soyez-moy fauorables,
Puisque tous les Dieux sont des Diables,
Qu'ils veulent perdre les Latins,
Et font contre moy les Lutins.
Si ie vais augmenter le nombre
Des Ames qui dorment à l'ombre,
La mienne ira, sans vanité,
Franche de toute lâcheté,
Et de tous autres faicts indignes
Des Heros mes Ayeulx insignes:
Comme il finissoit ses regrets,
Au grand galop suruint Sagês,
Qui s'estoit échappé des Portes
Malgré les Troyennes Cohortes;
Et, faisant fort de l'empressé,
Tout sanglant, & le nez cassé,
..(Comme Capitaine Holoferne,)
Parle à Turnus, & se prosterne,
Sans vser du terme vzité
De Seigneur, ou de Majesté;

Sagês ayant passé à toute bride à trauers les Ennemis, presse Turnus de venir secourir la ville de Laurente, & luy raconte tout ce qui s'est passé, en luy reprochant son indifference.

S

Turnus nostre unique ressource,
Pren, dit-il, pren viste la course,
Et t'en viens secourir les tiens :
Eneas auec ses Troyens
S'en va mettre la Ville en poudre ;
C'est ici qu'il se faut resoudre ;
Car si tu tardes tant soit peu,
Tu verras tout Laurente en feu ;
Les Bourgeois, qui dans leur misere,
Ne sçauent tantost plus que faire,
Te regardent en ce malheur
Comme leur unique Sauueur.
Latin barguigne, s'il doit prendre
Eneas, ou toy pour son Gendre :
Et se voit si fort en souci
Qu'il ne sçait que faire en cecy.
La Reyne mesme, helas ! la Reyne,
Te croyant tué dans la plaine,
S'est fait mourir pareillement ;
Tu sçauras assez tost comment.
En ce pauure estat qu'est la Ville,
Sans doute il est bien difficile,
Quelque effort qu'on fasse au dedans,
Qu'elle tienne encores long-temps :
Ie ne croy pas qu'elle en échappe ;
Atinas auecque Messape,

GOGVENARD.

Qui gardent tous seuls les dehors,
Ne seront pas-là les plus forts.
Car les plus vaillans de l'Armee,
Contre ces Braues animée,
Auec picques, fléches & dards
Vous les pressent de toutes parts.
Mais encor ils font leur possible;
Et vous, n'est-ce pas chose horrible!
Vous, pour qui l'on fait tant de bruit,
Vous demeurez seul, & sans fruit,
Et dans cette plaine deserte
Menacé d'vne telle perte,
A la veille de tant de maux,
Faites promener vos cheuaux!

   Turne étonné par ces reproches, *Turne éton-*
Tout ainsi qu'vn Fondeur de cloches, *né,&comme*
Est quelque temps à réuasser, *troublé par*
Roüiller les yeux, & grimasser. *le discours*
Il repassoit en sa memoire *de Sagês.*
Mille objets honteux à sa gloire,
Réuant tant à sa lâcheté,
Qu'à sa sotte credulité.
L'amour qu'il auoit pour sa belle
Luy venoit broüiller la cervelle:
Et sa vertu comme au filet,
Qui ne se paye que d'effet,

Le venoit poinçonner sans cesse,
Et luy reprochoit sa molesse;
Bref, il sentoit mille tintoins,
Qu'on auroit pû sentir à moins.
Mais dés qu'il eut repris l'vsage
De ses sens, sortis du nuage,
Dés qu'il eut repris sa raison,
Sorti de cette pâmoison,
Tout aussi-tost il s'évertuë,
Vers la Ville il iette la veuë :
Et certes il parut bien sot,
Quand du haut de son Chariot,
Il vit la grosse Tour en flame,

Tour, machine Ambulatoire, & son incendie.

(Ce qui luy mit la mort dans l'ame)
Car il pretendoit quelque iour
Se bien seruir de cette Tour;
Et luy-mesme l'auoit fait faire
Pour vn vsage militaire,
Auec planches, poutres, pontons,
Barres, cheuilles, & batons;
L'auoit fait poser sur des rouës
Pour la pouuoir tirer des bouës,
Et la transporter en tous lieux,
Par le moyen de ses essieux,
Pour la deffense de la Ville;
Mais tout cela fut inutile,

GOGUENARD.

Et ce fut alors qu'il iura,
Quand de loing il considera,
Que cette Tour ambulatoire,
Planches, Ponts, & toute l'Histoire
Seruoit à chauffer les Bourgeois,
Et brûloit comme d'autres bois.
Ah! dit-il, le couroux m'emporte,
La destinée est la plus forte,
Nous n'y sçaurions plus resister;
Cesse, ma Sœur, de m'arrester!
I'obeis à la destinee,
Il faut combattre contre Enee,
Dit-il, parlant Hurlu-brelu,
Il le faut, il est resolu;
Et quoy que la mort ait d'horrible,
Il m'est mille fois moins sensible,
De mourir comblé de malheur,
Que de viure auec deshonneur:
Cesse donc d'vser d'industrie!
Laisse-moy, ma Sœur, ie te prie,
Enrager icy, comme il faut,
J'enrageray bien plus tantost,
Et cett' humeur bouillante & fiere
N'est qu'vn prelude à ma colere,
Ie veux bien aller plus auant.
   Icy, plus viste que le vent,

Turnus en colere & cõme hors de luy mesme, voyant de loin cette Tour en flâme, prend enfin resolutiõ de se battre en duel contre Enée.

Il met pied à terre, & va chercher Enée à trauers des Ennemis.

Ce furibond met pied à terre,
Et grondant comme le Tonnerre,
N'écoute plus ni mais, ni car,
Laisse-là sa sœur sur son Char,
Et court au trauers de l'Armée,
Pour reparer sa Renommée,
Fend l'Escadron des plus fendans,
En dépit d'eux, & de leurs dents.

COMPA-
RAISON.
    Ainsi que, quand d'vne montagne,
Vn Rocher chet dans la campagne,
Que le vent a precipité,
Ou l'orage, ou l'antiquité;
Il se fait horrible tempeste,
Le rocher emporte le faiste,
Et traisne auec luy dans les champs,
Arbres, troupeaux, bestes & gens:
En ce rencontre, tout de mesme,
Turnus, d'vne roideur extresme,
Passe a trauers les Ennemis,
Et vient, comme il s'étoit promis,
Iusqu'aux murailles de Laurente :
Il y voit la terre sanglante,
Et n'entend autre chose en l'air
Que dards, & que flèches siffler.
Parmi cette rude escarmouche,
La main haute, il ouure la bouche,

GOGVENARD.

Et, tant qu'il put, à haute voix,
Hola! dit-il, ô! Rutulois,
Et vous, ô! Latins, ie vous prie,
Mettez fin à cette Batrie!
Quoy qu'il arriue de cecy,
C'est à moy de combatre icy;
Sur moy seul doit fondre l'orage:
Puis qu'il s'est fait tant de carnage
Malgré tous les accords passez,
I'en dois payer les pots cassez;
Ou montrer, en cette iournee,
Que Turnus est bon pour Enee.
Aussi-tost dit, aussi-tost fait,
On ne tire plus vn seul trait;
Vn chacun le regarde en face,
Et tout le monde luy fait place.
 Soudain à ce nom de Turnus,
(Quoy qu'il fut des plus tard venus)
Eneas transporté de ioye,
Accourt à luy comme à la proye,
Abandonnant murs & fossez,
Et tous les trauaux auancez:
Il sent des ardeurs violentes,
Ferme sous ses armes bruyantes,
Et tout fier de son bon Destin,
Ainsi que le mont Apennin,

Voicy encor vne fois icy Batrie, & nõ batterie, par la mesme raison que deuant : Ie penseois qu'il ne s'y ren-contrast que deux fois.

COMPA-RAISON.

Qui portant sa teste chenuë
Jusque dans le sein de la nuë,
Secouë, au moindre tremblement,
Ses hauts chesnes si rudement,
Que depuis la moindre bouffine
Ils tremblent jusqu'à la racine.
Tel, ou tel que le Mont Athos,
[Quoy qu'il fut un peu plus dispos,]
Ou comme Erix, autre Montagne,
Eneas parut en campagne.
Déja tous les Italiens,
Les Rutulois & les Troyens
Auoient mis leurs armes par terre,
Et ne songeoient plus à la guerre;
Et les plus vigoureux Lanciers,
Et ceux qui par de bons Beliers
Mettoient la muraille en ruines,
Quittent aussi-tost leurs machines;
Bref, chacun accourt à grand pas
Pour voir Turne contre Eneas,
Qui s'en donnoient de bonne sorte,
Et ne frappoient pas de main morte.
  Si tost que Latin eut le bruit,
(Car d'abord il en fut instruit)
Qu'enfin, & sans autre remise
Ils vsoient tous deux de main-mise.

GOGVENARD.

Et que ces braues Conquerants
De deux Païs si differants,
[Car Enée estoit de Phrygie,
et Turnus estoit d'Italie,]
Se frottoient tous deux vertement;
Il en fremit d'estonnement.
Déja ces deux braues courages,
Bien preparez à faire rages,
S'estoient en ce beau champ de Mars
Saluez de traits, & de dards:
Mais ils acheuent la tempeste,   *Enfin ils en*
Bouclier en main, & teste à teste,   *viennent aux*
Ils se heurtent si fort tous deux,   *mains.*
Que la terre en tremble sous eux.
Enfin l'vn & l'autre s'en baille,   *Combat de*
Tantost d'estoc, tantost de taille,   *Turnus &*
Parfois dessus, parfois dessous,   *d'Enée.*
Rechargeant & doublant les coups:
Auecque reprise diuerse,
Pratiquant la quarte & la tierce;
(Tout de mesme, ou comme à peuprés
L'enseigne Renard ou Marais.)
Et mettent tous deux en vsage
Et le bonheur & le courage,
Joignent la Nature auec l'Art,
Et l'adresse auec le hazard.

T

Bref, on voyoit Enée & Turne,
Ainsi que sur le hault Taburne,
Ou dans la forest de Sila,

COMPA-
RAISON.

Quand deux Taureaux, bout cy bout là,
Se harpent corne contre corne ;
Aprés que d'une œillade morne,
Auant que s'estre entre-lardez,
Ils se sont long-temps regardez.
Aussi-tost les vachers en fuite,
Quittent & bestail & conduite,
Et tout le reste du troupeau,
(Tant Vache, que Genice & Veau,)
Tremblottans, & dans la contrainte,
N'ose presque souffler de crainte,
Jusqu'à tant que tout soit vuidé,
Et que le sort ait decidé
Celuy qu'il devra reconnestre
Pour son Seigneur & pour son Maître.
Cependant mes paillars Taureaux,
Tous deux puissans, tous deux égaux,
Poursuiuent leur mortelle rage,
Se déchirent auec outrage,
Et se font ruisseler le sang,
Du col, du poitral, & du flanc ;
Et de la façon qu'ils mugissent,
Les lieux voisins en retentissent.

GOGVENARD.

De mesme & d'vn courage égal,
En ce combat triste & fatal,
Eneas & le fils de Daune
S'en donnoient tout du long de l'aune.
Déja l'vn & l'autre guerrier
Froissant bouclier contre bouclier,
Faisoit horrible tintamarre,
Chacun frapoit, sans dire garre,
Et l'on ne pouuoit dire, d'eux,
Lequel seroit victorieux ;
Tant on y voyoit de vaillances.
Iupiter qui tient les Balances,   Iupiter pese
Se met à pezer leur Destin,   le Destin
Pour voir quelle en seroit la fin,   d'Enée & de
Et qui d'eux trousseroit bagages,   Turnus dans
Ou demeureroit pour les gages.   des Balances.
Turne termine tous ses soins,
Et, comme s'il pesoit le moins,
Il fait cabriole & s'auance,
Et de tout son corps il s'élance,
Enfonçant l'épée, & le bras,
& croyant tuer Eneas.
De fait, il s'y prit d'vne sorte,
Qu'alors l'vne & l'autre Cohorte,
Creut que Turnus estoit vangé,
& qu'Enee estoit vendangé :

Mais son attente fut trompée,

L'épee dont Turnus cõbattoit se rompt.

Car, helas! sa perfide épee
En chemin se rompit tout net,
& n'acheua pas son effet.
Sa valeur à ce poinct reduite
Cherche son salut en la fuite;
& de fait, il s'enfuit tout franc,
De peur d'en auoir dans le flanc,
Dés qu'il voit sa lame par terre,
Qui se cassoit comme du verre.
Mais ce qui surprend mon Turnus,
Et ce qui l'étonne bien plus;

Turne reconnoist à la garde qui lui reste encor entre les mains, que cett' épee n'est pas à luy.

C'est quand par hazard il regarde
Cette malencontreuse Garde,
Qui restoit encor en sa main:
Il fremit, & tout incertain,
D'où luy pouuoit estre venuë
Cette dite Garde inconnuë,
Il se taste, & se méconnest:
Mais, pour tout sçauoir, l'Histoire est,
Qu'au commencement du desordre,
Où chacun vint à s'entre-mordre,
(Quoy qu'il fust dit dans le Traité,
Et qu'autrement fust arresté)
Turnus tout aueuglé de gloire,
& comme en yuré sans vin boire,

Monta viste en son Chariot
Auec sa cuirasse & son pot;
Et, dans cette belle équipée,
Ayant oublié son épee,
(Celle que son pere Daunus
Se fit faire par Vulcanus)
On dit, qu'il prist à toute risque
Celle de son Cocher Metisque;
Dont depuis il fit toutefois
Sur maints Troyens maints bons exploits.
Mais quand elle fut assenee
Sur vn homme fait comme Enee,
Couuert d'vn harnois, où Vulcain
Auoit luy-mesme mis la main;
Aussi-tost la pauure rapiere
Aussi fresle que roturiere,
Saulte, se brize, & tombe à bas
Comme vne glace en mille éclats.
De façon donc que Turne en peine,
En diuers endroits de la plaine,
S'enfuit d'vn pas precipité,
Tournant d'vn & d'autre costé;
& sans cesse tournoye & vire:
.. Et ie croy, quoy qu'on puisse dire,
.. Qu'on dit Turnus à Tournando,
.. Mieux que Montes à Mouendo,

Et de fait, il auoit pris par mégarde celle de son Cocher Metisque, pour la sienne.

Turnus s'en-fuit comme il peut, quoy qu'il ne puisse faire autre chose que tourner, estant estourdi-né & comme enfermé de toutes pares.

Car ce n'estoit que l'ordinaire;
Il est vray qu'il ne pouuoit faire
Rien autre chose que tourner.
D'vn costé, pour l'enuironner,
Les Troyens tenoient le paßage;
De l'autre il voit vn marescage:
D ailleurs la Ville & les Rempars,
Qui l'entouroient de toutes parts.
Donc il tournoye en cette plaine,
Et le mieux qu'il peut se demeine.
Cependant le fier Eneas

Enée court aprés luy. Le suit, & marche sur ses pas,
Quoy qu'en boitant, car ie m'assure,
Qu'il se sentoit de sa bleßure.
Toutefois malgré sa douleur
Il le pourchaße auec ardeur.

COMPA-RAISON. De mesme qu'vn Cerf qu'on galoppe
Entre vn grand Fleuue & la Filoppe,
& qui fuit la dent & la vois
D'vn chien qui le met aux abois:
Il est au bout de ses fineßes;
Et, pour employer ses soupleßes,
Le bord a par trop de hauteur,
Et la Filoppe luy fait peur.
Vous luy voyez mettre en vsage,
(Afin de se faire paßage,

GOGVENARD.

& pour s'empescher d'estre pris)
Mille tours, & cent Hourvaris;
Cependant dans cette épouuante,
Briffault ayant gueule béante,
Souple du rein, ferme du nerf,
S'auance, & croit tenir le Cerf:
Il vous luy serre les croupieres,
& luy veut tirer des lânieres;
Mais il ne hume que du vent,
Et mâche à vuide bien souuent.
Toutesfois il touche la proye,
Les Piqueurs font des cris de ioye,
& les clameurs de ces gaillards
Retentißent de toutes parts.

A peu prés en cette maniere
Ils se suiuoient dans la carriere.
Turnus courant toûjours en ron,
Appelloit ses gens par leur nom;
Et, d'vne voix entre-coupée,
Crioit; Rendez-moy mon épée!
& tout au contraire, Eneas,
S'ecrioit, Ne luy rendez pas!
A ce mot le plus fier Rutule
Au lieu d'auancer, se recule;
& tous, par la peur retenus,
N'osoient obeïr à Turnus.

Eneas eust razé la Ville,
Si l'on eust échauffé sa bile :
Car ce preux leur montrant le doit,
De l'air qu'il vous les gourmandoit,
Soit des yeux, soit de la parole,
Ne promettoit pas poire molle,
A quiconque eust osé branler ;
Si, qu'ils n'osoient presque souffler.
Cependant Turnus hors d'haleine
Couroit encor la pretantaine,
& vouloit, tournoyant toûjours,
Acheuer tous ses quinze tours ;
Car il ne s'en falloit plus guere,
&, tant en auant qu'en arriere,
Ils auoient, de compte certain,
Fait dix fois le tour du Terrain ;
Et ne couroient pas pour des prunes,
Par jeu, ny pour choses communes :
Au poinct qu'ils en estoient venus,
Le prix d'honneur estoit Turnus ;
Car il s'agissoit de sa teste,
& c'estoit toute la conqueste,

Oliuier sauuage consacré à Faunus Dieu des Laurentins. *Folijs Oleaster amaris.*

Que se promettoit Eneas,
Pour ne pas perdre tant de pas.
  Là fût vn Oliuier sauuage,
Soit doux, soit amer de feüillage,

[Ces

GOGVENARD.

Ces termes semblent superflus)
Et ne nous importent pas plus,
Que s'il eust esté vert ou jaune,
Il suffit qu'en l'honneur de Faune,
(Dieu des Laurentins adoré,)
Cet Arbre autrefois fut sacré,
Et que de maints lieux à la ronde,
Ceux qui s'estoient sauuez de l'onde,
Y venoient appendre leurs dons,
Leurs guestres, & leurs penaillons ;
Et nul n'échapoit du naufrage,
Qui ne vint rendre cet hommage
Au Dieu Laurent ou Laurentin,
Qui n'estoit iamais sans butin ;
Car sans cesse quelques bigottes
Luy faisoient present de leurs cottes,
Y venoient acrocher leur bas,
Si, que Laurent ne chommoit pas,
Et ne manquoit iamais d'offrandes,
Prenant tant petites que grandes ;
Laissant tout à discretion,
Et l'offrande à deuotion.
Les Nautonniers d'vn mesme zele,
Y portoient chacun leur chandelle ;
..(N'ayant pas en telle saison
.. Saint Nicolas pour leur Patron,)

V.

VIRGILE

Bref, cet arbre estoit venerable,
Saint, & ce semble inuiolable :
Mais malgré cette Sainteté,
Sans respect, & sans pieté,
Les Troyens l'auoient mis par terre,
Au commencement de la guerre,
Afin de découurir par tout,
Et voir le champ de bout en bout.
Eneas lassé de la course,

Eneas croyant frapper Turnus, dard de son jauelot dans le tronc de l'Oliuier sauuage, pour lors déraciné, & couché par terre.

Lance son dard pour sa ressource,
Mais le dard demeura fiché
Au tronc de cet arbre couché :
Et, comme il le vouloit reprendre,
Pour en faire vn dernier esclandre,
Et pour attraper sans courir
Celuy qui craignoit de perir.
Turnus qui preuoit sa misere,
Ne sçachant tantost plus que faire,

Priere ou Oraison de Turnus pour empescher Enée de retirer son dard de l'arbre où il estoit fiché.

Se met à crier, ô Faunus !
Pren, dit-il, pitié de Turnus !
Et vous, ô terre que i'adore,
Ne laschez pas ce dard encore !
Songez qu'auec grande ferueur
J'ay sceu maintenir vostre honneur ;
Et que l'hipocrite d'Enée
Vous a laschement prophanée,

GOGUENARD.

Degradant ce saint Olivier
Qui gist couché sur le gravier.
Il ne fut pas tant mal-habile,
Et ce discours luy fut utile;
Car plus Eneas s'efforçoit,
Plus le javelot s'enfonçoit.
Il eut beau suer & beau faire,
Et iurer, comme un volontaire,
Mort, teste, ventre-Jupiter!
Iamais il ne le pût oster.

   Cependant, qu'en vain il s'efforce,
Sans ébranler la moindre écorce,
(Bien loin d'en entr'ouvrir le bois)
Iuturne, encor une autre fois,
Paroist sous l'habit de Metisque,
Et fait que Turnus prend sa bisque,
Luy rendant ce glaive important,
Qu'au besoin il regrettoit tant.
(C'estoit cette fameuse épee,
Que Vulcan mesme auoit trempee,
Et qu'il eut du pere Daunus.)
D'ailleurs la Deesse Venus,
Enrageant, quoy qu'assez bonace,
Qu'une simple Nimphe eut l'audace
De iouër de semblables tours;
Sans perdre le temps en discours,

Eneas ne peut retirer son dard, ou javelot du tronc de l'Olivier.

Iuturne encor sous l'habit du cocher Metisque, accourt à son frere Turnus, & luy rend sa bonne épée.

Venus mere d'Enée arrache le javelot de l'Olivier, & les deux Rivaux se battent tout de bon, Turnus auec l'épée, & Eneas auec la

lance, ou dard, ou javelot, ou côme il vous plaira. Vient prés de l'Oliuier sauuage,
Vous prend le dard & le dégage ;
Lors nos guerriers mieux que iamais
Recommencent sur nouueaux frais :
Et se battent à toute outrance,
Qui du glaiue, qui de la lance.

Discours de Iupiter à Iunon qui regardoit les combattans du haut d'vne nuë. Iupin, qui les voyoit d'enhaut,
S'en donner tous deux comme il faut,
Parle à la fille de Saturne,
Qui tenoit le party de Turne ;
Et luy dit, en cette façon,
Hé bien, qu'est-ce, Dame Iunon !
Entendez-vous que les querelles
De ces mortels soient immortelles ?
Pourquoy prolonger leurs debats ?
Vous sçauez, & ne doutez pas,
Que de tout temps l'ame d'Enée,
Quoy qu'il face, est Prédestinée ;
Que ce Heros doit estre vn iour
Dans nostre bienheureux seiour :
Qu'au moment qu'il receut la vie,
Auant qu'il eust la moindre enuie,
Ou qu'il fit aucune action,
I'eus pour luy de l'affection :
Pour Turne autem i'eus de la haine ;
D'où vient que sa perte est certaine,

GOGVENARD.

De tout temps il est Reprouué,
Et ne sçauroit estre sauué,
Quelque chose qu'il puisse faire :]
Mais pour Eneas au contraire,
Il est tel qu'il nous le falloit,
Et la terre nous le deuoit :
Ie m'etonne qu'en ce rencontre,
Vous soyez encor pour & contre,
Vous le sçauez, Dame Iuno,
Ce decret est ab æterno. *
Cependant vous n'estes venuë
Pour autre chose en cette nuë,
Que pour nuire au pauure Eneas
Que vous embarassez là-bas :
Car sans vous la Nimphe Iuturne
N'eût pas rendu l'espée à Turne;
Mais Turne se seroit rendu,
Et, par vostre soin assidu,
Il est à present redoutable;
Or cela n'est pas equitable,
Et ce seroit un coup bien dur
Qu'Eneas, que ce Dieu futur
En eut honteusement dans l'aile,
Mourant par vne main mortelle.
Non, non! c'est trop d'émotion!
Treve, dit-il, d'auersion;

* Fatis ad federa totis.

Mettez fin à voſtre colere,
Et rendez-vous à ma priere!
Il ne faut pas que la douleur
Plus long-temps vous ronge le cœur,
Ni que vous parliez dauantage
De tout voſtre remu-ménage
Auecques le Peuple Troyen :
Quoy que vous perſuadiez fort b
Ie ſçay ce que vous pourriez dire
Touchant le ſujet de voſtre ire :
Mais il en eſt aſſez puni,
Il ne faut pas à l'infini
Demeurer rigoureuſe & ferme;
L'affaire eſt à ſon dernier terme;
Contentez-vous que les Troyens
Sont preſque à bout par vos moyens,
Et qu'ils ont ſur mer & ſur terre
Souffert la tempeſte & la guerre :
Qu'il vous ſuffiſe, s'il vous plaiſt,
D'auoir fait le mal tel qu'il eſt;
Mis en deüil toute vne famille,
Troublé les Nopces de la Fille,
& reduit la Mere au deſſein
De mourir de ſa propre main.
Apres cela ſoyez contente,
En vain auez-vous autre attente;

GOGVENARD.

Il le faut, & pour dire mieux,
Ie vous priois, mais ie le veux.
Ainsi parla-t'il, mais peut-estre
[Qu'il n'auroit pas esté le Maistre,
S'il n'eust expliqué son desir
Par car tel est nostre plaisir.]
Mais ces mots de plaine puissance
Trouuerent de l'obeissance ;
Et soudain l'adrette Iuno,
N'osant repondre, Signor no,
La veuë & la teste baissée,
Luy dit ; Sçachant vostre pensée,
Grand Jupiter, tout aussi-tost
Ie me suis rangée icy haut ;
Et bien loin de faire Cabale,
D'aller trousser Turnus en malle,
I'ay quitté son Party tout net,
Quoy qu'auec beaucoup de regret:
Et, pour vous parler sans feintise,
Si i'eusse esté si mal apprise
D'estre auec luy de faction,
Sçachant bien vostre intention ;
Au lieu de prendre la roupie,
Toute seule en l'air accroupie,
Souffrant tout ce qu'on peut souffrir,
Ie l'aurois esté secourir ;

Réponse de
Iunon à Iu-
piter.

Et vous me verriez dans l'Armee,
D'vne iuste ardeur enflammee,
Exposer les Troyens aux coups,
& faire éclater mon courroux.
Il est vray qu'en cette occurrence,
Voyant Turnus sans assistance,
J'ay bien pû possible exhorter
Sa sœur Iuturne à l'assister;
Et que mesme ie fus rauie
Qu'elle employast son industrie,
Pour le garantir du trépas;
Mais ie ne luy conseillay pas
De se porter iusqu'à l'extresme,
Et de prendre l'arc elle-mesme,
Ou de tirer le moindre trait;
Et cela, tout chacun le sçait :
Que s'il est besoin d'autre preuue,
I'en iure le Stix, ce sainct fleuue,
Que la plus haute Deïté
N'ose en vain auoir attesté.
Vous sçauez que cette formule
Est pour nous l'vnique scrupule,
Tout l'hommage est le seul tribut
Que nous deuons à Belzebut,
Mais qu'apres vn serment semblable
On peut passer pour veritable.

Or ie

GOGVENARD.

Or ie ne iure pas en vain,
Et i'en puis bien leuer la main:
Et pour vous donner conneſſance
De mon aueugle obeiſſance
I'abandonne, puis qu'il vous plaiſt,
Les Guerriers, & leur intereſt.
Tout ce que ie vous recommande,
Et qu'humblement ie vous demande,
(Sçachant que la fatalité
Vous en laiſſe la liberté)
Tout ce, dis-je, dont ie vous prie,
Pour l'honneur de voſtre Latie,
Ie puis dire voſtre, (ô grand Dieu,)
[Car Latin eſt voſtre Neveu.]
  Quand Lavinie, auec Enee,
Ioints par vn heureux Hymenee,
(Au moins ie le veux croire ainſi)
Auront ioints les Peuples auſſi;
Ne ſouffrez pas, quoy qu'il auienne,
Que dans la terre Latienne
Honteuſement les Latiens
Receuant le nom de Troyens,
Changent leurs mœurs, ni leur vſage,
Ni leurs habits, ny leur langage.
Tout ſera d'accord deſormais,
Ils conſentiront à la Paix,

Iunon abandonne Turnus, & ſupplie ſeulement Iupiter de ne point permettre que les Latins ny tous les Italiens changent ny leur nom, ny leur couſtume, ny leurs habits, ny leur lāgage.

Latinus eſtoit fils de Faunus, Faunus fils de Picus, & Picus fils de Saturne pere de Iupiter.

X

Et la vont signer tout à l'heure,
Pourueu que leur nom leur demeure:
Faites que ce Peuple, ô Iupin,
Soit toûjours le Peuple Latin;
Et qu'en l'honneur de la Latie
Et du climat de l'Italie,
Une suite de Rois Albains,
Et (depuis) de Peuples Romains
Tirent leur illustre origine
Quelque iour de la Gent Latine.
Et, puisque Troye est en oubli,
Il faut, pour faire tout vni,
Que le reste s'aneantisse,
Et que le nom mesme en perisse.
  A ces mots Iupiter sou-rit,
Et, comme pour railler, luy dit,
Vous estes Sœur de vostre Frere,
Et la Fille de vostre Pere;
Et qui ne pourroit, sans douter,
Vous croire sœur de Iupiter,
Et du Dieu Saturne la Fille,
De l'air dont vostre cœur petille,
Et fait voir son ressentiment,
Il se tromperoit lourdement.
Mais ne faites plus la colere,
Comme vous commenciez de faire;

Iupiter goguenarde, auec Iunon, & luy accorde la grace qu'elle demandoit en faueur du Peuple Latin & de toute l'Italie.

GOGUÉNARD.

Ce courroux est hors de saison,
Vous vous tremoussez sans raison.
Allez, dit-il, l'affaire est faite,
.. (La baisant à la Godinette,
.. Et luy caressant le menton
.. Plus blanc que linge de coton,
Allez ! allez ! dit-il, ma chere,
Je me relâche, & vous veux plaire :
Je veux tout ce que vous voulez.
Les Peuples pour qui vous parlez
Garderont avec leur langage,
Et leurs habits, & leur vsage,
Et les Latins ou Latiens
Seront toûjours Italiens ;
Ce beau nom dans sa mesme gloire
Sera d'eternelle memoire :
Et les Troyens, quoy que vainqueurs,
Tous vnis de corps & de cœurs,
N'auront plus (qu'à cela ne tienne !)
Leur nom, ni leur mode Troyenne :
Ils perdront le nom de Troyens,
Et deuiendront Italiens :
Ils parleront mesme idiôme,
Et dans tout ce vaste Royaume,
Ils auront desormais entr'eux,
& mesme culte, & mesmes Dieux.

Promesse de Jupiter en faueur des Italiens.

Or pour certain toute l'engeance,
Qui naistra de cette alliance,
Sera feconde en grands Heros
Plus grands que certains d'inter nos,
Et dont la pieté profonde
Vous fera prôner dans le monde,
Et vous dressera tant d'Autels,
Que iamais tous les Immortels
N'eurent auec les Immortelles,
Tant d'encens, ny tant de chandelles.
   Aussi-tost la sainte Junon,
Voyant qu'en l'honneur de son Nom
Iupin luy promettoit merueille,
Devint agreable & vermeille,
Son visage parut serein,
Elle prit vn autre dessein,
Et, par l'honneur interessee,
Changea tout d'un coup de pensee,

Iunon quitte son nuage, & s'en retourne au Ciel,
Sortit du nuage, & sans fiel,
S'en retourna droit dans le Ciel.
   Iunon de ce poste sortie,
Et n'estant plus de la partie,

Et ayant tout à fait quitté la protection de Turnus, il ne reste plus qu'à obliger Iuturne à en faire autant.
L'affaire est en fort bon estat;
Et pour terminer le combat,
Tout git à detourner Iuturne,
Qui trauailloit encor pour Turne

GOGVENARD.

Contre le valeureux Troyen,
Iupin s'auise d'vn moyen:
Or il est deux certaines Pestes,   *Pestes & Furies, autrement appellées Dires.*
Semblables, & de mesmes gestes,
Qui n'ont iamais rien fait de bon;
Toutes deux ont mesme surnom,
L'vne & l'autre s'appelle Dire,
Sans cesse elles vont tout redire,
..(D'où l'on dit, en terme vsité,
..Pestes de l'Vniuersité.)
Ces Dires, auecque Megere,
Ont toutes trois la Nuit pour mere,
La Nuit toutes trois les porta,
Et tout d'vn coup les enfanta ;
Pour des cheueux, chacune d'elles
A des serpents ; &, pour des ailes,
Du vent, fait ie ne sçay comment,
Sert à ces Sœurs également.

  Cette double Peste, ces Dires,
Méchantes, cruelles, & pires
Que tout ce qu'on en peut conter,
Sont toûiours prés de Iupiter,   *Ces Dires ou Furies sont toûiours prés du trône de Iupiter.*
Afin d'executer son ordre ;
S'il faut égratigner, ou mordre,
S'il faut persecuter les gens,
Elles luy seruent de Sergens :

X iij

Ce sont elles, qui sur la terre
Apportent la Mort & la Guerre,
Qui font & causent tous les maux
Des hommes & des animaux :
Qui font les desordres des Villes,
Qui soufflent les Guerres Ciuiles.
.. Qui mesme inspire le couroux
.. Parmy les plus saints d'entre nous,
.. Qui brouillent les vns & les autres,
.. Arment Apostres contre Apostres,
.. Les Moines contre les Curez,
.. (Quoy qu'ils soient tous fort moderez)
.. Et qui mettent les Molinistes
.. En prise auec les Iansenistes,
.. Pour quelques Propositions
.. Qui causent leurs dissentions :
.. Témoin la derniere querelle
.. Qui mit vne guerre mortelle
.. Parmy ces tymbres si rassis,
.. Certain iour de primâ mensis.*
.. Ce sont ces Pestes de Furies,
.. Qui font toutes ces brouilleries;
.. Qui mirent parmi les Anglois
.. L'insolent mépris de leurs Rois :
.. Qui brouillent l'Espagne & la Frāce,
.. Troublent Bordeaux & la Prouence,

* Ce fut le 1.
jour d'Aoust
1649. en
l'Assemblée
des DD. où
le Ch. de l'V.
voulut pre-
sider M. le
Doyen.

GOGVENARD.

,, Qui font aller tout à rebours ,
,, Et qui firent, ces derniers iours,
,, Par vne puiſſance ſecrette,
,, Démolir le Château Trompette :
,, Qui broüillent le Pere & le Fils,
,, Freres, Sœurs, Femmes & Maris :
,, Qui mettent toûjours en querelle
,, Monſieur Tel, & Madame Telle,
,, Et qui m'ont mis vne heure mal
,, Auec la belle Courſeval :
,, Sans doute c'eſt de ces Mutines
,, D'où viennent Peſtes & Famines,
,, D'où vient la rareté du Grain,
,, Et la grande cherté du Pain.
,, Ce ſont ces chiennes de Furies
,, Qui font ſentir les gueuzeries
,, Dans les plus commodes Maiſons :
,, Elles ont trouué les Poiſons,
,, Ces mots d'Empire, d'Eſclauage,
,, Les feux, où leur mauuais vſage,
,, Les Procureurs, & les Procez,
,, Et tous les Iuges ſans accez :
,, Ce ſont-elles qui par leur rage
,, Cauſent tout le remû-ménage ,
,, Qui font armer les Aduocats
,, D'un courroux qu'ils ne ſentent pas,

Hic, clamoſi, rabioſa, foro

Jurgia pen-
dens, impro-
bus, iras
Et verba lo-
cat —
Senec. in
Herc. fur.
chor 2.

.. Et leur font en toutes affaires,
.. Prêter leurs voix & leurs coleres :
.. Si qu'il semble qu'à bon escient
.. Ils soient fâchez pour leur Client :
.. Tant le moins bilieux abaye :
.. C'est d'Elles que vient la chicanne ;
.. Que viennent ces termes maudis,
.. De Griefs, Factums, Intendis,
.. De Sac, d'Etiquette, Pratique,
.. Demande, Replique, Duplique,
.. Forclusions, Productions,
.. Contredis & Salvations,
.. Moyens de Faux, Executoire,
.. Hors de Cour, Interlocutoire,
.. Exploits, Decrets, Ajournement,
.. Viennent, Parlent-sommairement ;
.. Bref, cinq cens mots de procedures,
.. Qui passeroient pour des injures,
.. A quiconque n'iroit iamais
.. Que pour faire emplette au Palais.
.. De fait, la memoire est recente
.. D'vn tel cas en six cens quarante ;
.. Quand certaine Femme d'honneur
.. Fit assigner son Procureur,
.. Qui par hazard (luy voulant dire
.. Qu'elle ne pouuoit plus Produire,

Et que

".. Et que Messieurs auoient iugé,
".. Que c'estoit assez prolongé,)
".. Luy dit qu'ayant plaidé sa cause,
".. Par arrest elle estoit Forclose.
".. Lors cette Dame du Marais
".. Ignorante aux mots du Palais,
".. Fait assigner, pour sous remedes,
".. Sa Partie à la Cour des Aydes,
".. Pretendant reparation
".. En cette iurisdiction:
".. (Le fond estoit vn fait d'Entrée)
".. Elle en colere, & toute outrée,
".. Dit tout hault que son Procureur
".. Estoit un calomniateur;
".. Que Forclose estoit vne injure,
".. Fust-ce en terme de procedure:
".. Que ce Procureur la vendoit,
".. Et que cet Arrest la perdoit.
".. Luy, sans vouloir la contredire,
".. Pour tout discours se mit à rire,
".. Ou ne répondit rien, sinon
".. Qu'il ne s'agissoit que du nom,
".. Ou pour mieux dire de la glose,
".. Du terme, ou du mot de Forclose,
".. Dont l'vsage est le seul garent.
".. La Cour, ouy le different,

Y

.. Fait reprimande à cette Folle,
.. Et la renuoye au Protecolle;
.. Et sur le reste faisant droit,
.. Ordonne qu'elle produiroit,
.. Aussi produisit-elle encore,
.. S'estant fait ainsi deforclore,
.. Et depuis produit tous les iours.
.. Mais reprenons nostre discours.

Iupiter embarasse Iuturne, & pour troubler l'esprit de Tursus son frere, leur enuoye vne de ces deux Dires, ou Furies,

Or, pour embarasser Iuturne,
Et luy faire abandonner Turne,
Par quelque presage euident
D'vn triste & lugubre accident;
Iupin par des ordres funestes
Detache vne de ces deux Pestes,
Qui tout d'un coup, comme vn éclair,
Vient fondre à terre à trauers l'air,
& comme vne fléche empannee,

COMPA-RAISON.

(Dont la pointe est empoisonnee,)
Part viste d'vn arc bien tendu,
Et quand l'Archer bien entendu
Vous la pousse à perte de veuë
Iusques au delà de la nuë;
Comme font, ces Orientaux,

La Dire ou Furie, sous la figure d'vn oiseau de mauuais augure.

Les Parthes, & les Candiaux:
Tout d'un coup, de la mesme sorte,
La Dire* en terre se transporte,

GOGVENARD. 171

Iette les yeux tout à la fois
Sur les Troyens & Rutulois;
Et, sous la lugubre figure
D'vn Oiseau de mauuais augure,
Comme de Choüette ou Hibou,
Qui ne sortent point de leur trou,
Des tombeaux, ou maisons desertes,
Que pour nous annoncer nos pertes,
Et qui ne font iamais de bruit,
Que pour nous éueiller la nuit;
La Peste, sous cette autre peste,
Pour auoir du venin de reste,
Se déguise, vient à Turnus,
Et, par des tours drus & menus,
Luy passe Brrrt, sous la Moustache,
Et des ailes bat sa Rondache.
Turnus (ie vous laisse à penser)
De peur en pensa trépasser,
Soudain ses veines se glacerent,
Tous ses cheueux se herisserent,
Il ne pust lâcher vn seul mot,
Et iamais il ne fut si sot.
La Nymphe Iuturne elle-mesme
De frayeur en eut le tein blesme,
Elle s'arracha les cheueux,
Porta les ongles à ses yeux,

Passe & repasse deuant le nez de Turnus.

Iuturne reconnoist la Dire, ou Furie sous la figure de cet oiseau nocturne.

Y ij

De maints coups frappa sa mammelle,
Et de rage en Pissa sous elle.

Fable à part, Iuturne est vne fontaine en la Latie. Bref, dés qu'elle entendit le bruit
De cet infame oiseau de nuit,
Et qu'elle eut reconnu la Dire
A sa triste façon de bruire,
D'abord elle se transporta,
Et des plus belles en conta;

Plaintes & lamentations de la Nymphe Iuturne. Ah! dit-elle, ah! mon pauure frere,
Que puis-je faire en ta misere?
En quoy te puis-je seconder?
De quel moyen me puis-je aider
Pour te tirer des mains d'Enee,
Et chicanner la Destinee?
Ah! c'en est fait, ie voy ta mort,
Je ne puis m'opposer au sort,
Ny l'emporter sur cette Peste,
Qui sous vn plumage funeste
Passe si souuent deuant toy,
Pour te faire mourir d'effroy :
Hé bien, bien, puisqu'il le faut faire,
Et que Iupiter t'est contraire,
Adieu Mars, ie par de la main,
Aussi bien mon secours est vain.
Toy qui troubles mon pauure Turne,
Je te connois, oiseau nocturne,

GOGUENARD.

Tes ailes, & leur battement,
& ton lugubre sifflement,
Ne te font que trop reconnestre;
Mais pour Dieu, ne viens point accrestre
Mon déplaisir ny ma douleur;
Ie n'ay déja que trop de peur,
Iupin (& c'est ce qui m'anime)
Qui faisoit tant le magnanime,
Au mépris de mes interests,
Te fait porter de ces pacquets;
Et me traite (ô chose honteuse)
Comme une petite coureuse,
Moy qui de bonne volonté
Luy donnay ma virginité:
Mais las! si i'eusse esté bien sage,
I'aurois encor mon Pucelage.
,, Ie devois sçauoir que les Dieux,
,, Ne sont gueres plus genereux,
,, Que le moindre homme de la terre;
,, Leur constance n'est que du verre,
,, D'abord tout éclatte, & tout luit,
,, Mais cet éclat n'a point de fruit :
,, Ils sçauent, par mille promesses,
,, Trouuer l'endroit de nos feblesses.
,, Quels beaux discours, & quels serments
,, D'abord ne font point les Amants!

.. *Vous les voyez-là, tout en flame,*
.. *Dire, ie meurs pour vous, Madame,*
.. *Ie brûle, & ma discretion*
.. *Surpasse encor ma passion;*
.. *L'vne & l'autre seront sans bornes;*
.. *Vous les voyez, pensifs & mornes;*
.. *S'ils parlent, ce n'est que de fers,*
.. *Et veulent bien que les Enfers*
.. *Les rotissent comme le Diable,*
.. *Si leur serment n'est veritable.*
.. *Bref, chacun vous en contera;*
.. *Mais, tant d'ardeur qu'il vous plaira,*
.. *Si tost qu'vne femme a des rides,*
.. *Adieu-vous-dis, hommes solides!*
.. *Tant de beaux mots, & de serments,*
.. *De respects & de compliments,*
.. *Coulent, & rien ne les rameine;*
.. *Leur constance a la courte haleine,*
.. *Leur amour se conte par mois,*
.. *Et nos charmes perdent leurs droits:*
.. *Sauf vn ou deux dans tout le monde,*
.. *Ils sont tous plus changeants que l'onde;*
.. *Et qui s'engage volontiers*
.. *Se sçait retirer des premiers:*
.. *Encores font-ils raillerie*
.. *De leur infame perfidie,*

GOGVENARD.

,, Parlans d'vne vieille amitié
,, Si pauurement, que c'est pitié,
,, Et quoy qu'ils vous l'ayent iurée
,, Ferme, & d'eternelle durée;
,, Ils vous disent que les Amours,
,, Ces Enfans, sont Enfans toûjours;
,, Pour montrer qu'vne amour vieillie
,, N'est rien qu'vne pure folie,
,, D'où vient qu'on appelle, entre tous,
,, Les vieux Amoureux de vieux fous.
,, O la belle galanterie!
,, L'impertinente raillerie,
,, Des Hommes, & mesme des Dieux?
,, Ie ne sçay lesquels vallent mieux;
,, En ce temps tout le monde trompe,
,, Folle! qui se fie à la pompe:
,, Auroit-on dit, que Iupiter,
,, Qui m'en sçauoit si bien conter,
,, Me deust faire vn si grand outrage,
,, Alors qu'il eut mon Pucelage?
,, Ha! si ie pouuois le rauoir,
,, Ce Dieu, malgré tout son pouuoir,
,, Auroit beau m'en conter de belle,
,, Ce premier Ragoust de Pucelle,
,, (Fût-il des plus passionnez)
,, Ne seroit pas pour son beau nez.

" Et s'il est vray qu'il le faut Faire,
" Et que c'est chose necessaire,
" Comme l'on dit communément,
" D'auoir pour le moins vn Amant;
" Bien loin de pouuoir me resoudre
" A souffrir ce porteur de Foudre,
" Ie ferois tâter de ma peau
" A quelque bon Godelureau,
" Que ie ferois viure a ma mode,
" Qui seroit facile & commode;
" Et Monsieur Iupin, cependant,
" N'en casseroit que d'vne dent.
" Hé quoy! n'est-ce pas vne honte!
" Faire de moy si peu de conte!
" Ah! folle, ah! pourquoy l'ay-ie fait?
" Pour n'en auoir que le regret,
" Et me voir à iamais mocquée,
" Vaudroit mieux qu'il m'eût excroquée!
Car, hormis l'Immortalité,
Quel bien en ay-je remporté?
Il est vray, ie suis immortelle,
Mais cette faueur m'est cruelle,
S'il m'estoit permis de mourir,
La mort me pourroit secourir,
& finiroit auec ma vie
Les maux dont ie suis poursuiuie;

Ie suiurois

GOGVENARD.

Je suiurois Turnus pas à pas,
Et tout seul il ne mourroit pas.
Auec toy, mon aimable Frere,
Je voudrois perdre la lumiere;
Car tous mes plus proches, sans toy,
N'ont rien d'agreable pour moy.
O! toy qui par fois t'entre-bailles,
O! Terre, ouure moy tes entrailles!
Tien pour moy tes gouffres ouuerts,
Pour m'abismer dans les Enfers,
Où, malgré le nom de Deesse,
Je tienne lieu d'vne Diablesse,
De Furie, & de Dire aussi.
Cette Nimphe parloit ainsi,
Et faisant horrible tempeste,
Soudain elle couure sa teste
D'vn grand voile de couleur d'eau,
Et d'vn fleuue fit son tombeau.
  Cependant que Juturne gronde,
Et se precipite dans l'onde,
(Car elle y sauta comme aux bains)
Le preux Enee en est aux mains,
Presse Turnus à toute outrance,
Et dit, luy presentant la lance,
Hé bien! qu'est-ce? lâche Turnus,
Enfin nous y voila venus;

Enfin Iuturne voyant que tous ses efforts estoient inutiles abandonné aussi Turnus.

Tout de bõ Iuturne est vne fontaine en la Latie, qui se vient perdre dans le fleuue Numicus, cela a donné occasion à la Fable; & c'est d'où l'on dit que Iuturne sœur de Turne se precipita dans vn fleuue.

Enée presse fort Turnus, Et luy parle ainsi.

L'affaire ne peut estre pire,
Il n'est plus temps de s'en dedire :
Tu ne peux tourner ni courir,
Il faut, ou combattre, ou mourir.
Mets hardiment tout en vsage,
Ioints ton adresse à ton courage !
Ou, pour t'échaper de mes yeux,
Fuy sous la terre ou dans les Cieux ;
Tu n'as pour tarder ma victoire
Que ces deux lieux d'échappatoire,
Car enfin il en faut taster,
Et c'est icy qu'il faut sauter !

Turnus est en desordre, & répond comme il peut à Enée. Turnus alors, hochant la teste,
Répond ; Tu te fais trop de feste,
Grand Discoureur ; mais, ce dit-il,
I'apprehende peu ton babil,
Et ie rirois de ta colere,
Si le Ciel ne m'estoit contraire ;
Iupin est mon persecuteur,
Et de mes maux l'vnique Autheur.
Pendant qu'il prosne de la sorte,
Dans la fureur qui le transporte,
Par hazard il auise vn grais,
Vn Roc, lourd, s'il en fut iamais ;
Bref, vne borne d'heritage,
Borne antique, grosse, & ie gage,

GOGVENARD.

Que douze hommes & des plus forts,
Des mieux choisis & de grand corps,
(De la taille & de la posture
Qu'en fait auiourd'huy la Nature,)
Sans habler, ne la pourroient pas
Transporter seulement d'vn pas.
Toutefois il prend cette pierre
Aisément la leue de terre,
(Iugez, s'il estoit impotent!)
S'auance, & dans le mesme instant,
D'vne fureur déterminee
La iettoit déja contre Enee,
Mais elle frustra son dessein,
Et ne fut qu'à moitié chemin.

Turnus prēd vne grosse borne, & la ietre à dessein d'en fraper Enée, mais elle ne l'arrapa point.

Ce pauure homme, ayant tout contraire,
Ne sçauoit tantost plus que faire ;
Il sentoit trembler ses genoux,
Et malgré son boüillant courroux,
Le sang luy geloit dans les veines,
Et iamais il n'eut telles peines ;
Il reculoit, il s'auançoit,
Et rien ne luy reüssissoit :
Son effort estoit inutile,
Il demeuroit comme immobile,
Agissant des pieds & des bras,
Et vouloit, & ne pouuoit pas,

Tous ses efforts sont inutiles, & rien ne luy peut reüssir.

VIRGILE

Quoy qu'il y fist tout son possible:
Ainsi qu'en vne nuit paisible,
Lors que nous dormons des deux yeux
Faisans quelque songe ennuyeux,
Nous ioignons nos forces ensemble,
Et voulons courir, ce nous semble,
Pour fuir vn peril euident,
Et nous ne pouuons cependant.
L'effort de l'Imaginatiue,
Nous met iusqu'à la Tentatiue;
Pour reüssir nous tentons tout,
Mais nous n'en venons point à bout:
La langue n'a plus de langage,
Nostre voix n'a point son vsage,
Et l'organe sans fonction,
Demeure à l'execution.
De mesme, quoy que Turne tente,
Tout tourne contre son attente;
Il ressemble à Coigne-festu,
Et son adresse, ou sa vertu
Est vne chose vaine ou nulle,
Et plus il auance, il recule;
La Dire empesche ses desseins,
Et ses plus grands efforts, sont vains:
Il se trouble encor de plus belle;
Mille desirs dans sa ceruelle

COMPA-
RAISON.

GOGVENARD.

Le partagent tout à la fois,
Le font suer dans son harnois,
& luy font prendre l'épouuante.
Il iette les yeux sur Laurente,
Mais la Ville ny les Fauxbours
Ne luy peuuent donner secours ;
Il considere les Rutules,
Mais peur de choquer les Formules,
O ! Diable ! si pas vn branla,
Pour l'aller retirer de là :
Outre qu'ils craignoient la bâtille :
Turnus tout droit comme vne quille,
Tremblant & sans aucun support,
N'attend que le coup de la mort.
Car, helas ! que pourroit-il faire !
Soit pour vaincre son Aduersaire,
Soit pour se tirer de ses mains,
Il faut des efforts plus qu'humains :
Il ne voit en ce dernier trouble
Ni Sœur, ni Cocher pour vn double :
Cocher, Sœur, tout est à vau-l'eau,
Bref, Turnus est dans le Paneau.
Mais enfin, pendant qu'il raisonne,
Pendant qu'il tremble & qu'il frissonne,
Eneas le mire de loing,
Cherche des yeux, le dard au poing,

L'endroit d'une atteinte mortelle,
Et puis, aussi-tost qu'il l'eut belle,
Tout d'un coup de tous ses efforts
Enée perce Turnus. Il le luy plante dans le corps.
COMPA-RAISON. Les murs qui tombent en ruine
Par les efforts d'une machine,
Le Tonnerre qui chet la nuit,
Ne firent iamais tant de bruit.
Ce dard viste comme la foudre,
& capable de tout dissoudre,
Vous perce son bouclier tout net,
Quoy qu'il fust épais comme sept,
Turnus de ce coup tombe par terre. Vous luy perce & cuisse & cuirasse,
Et Turnus tombe sur la place.
 Tout aussi-tost les Rutulois,
Qui voyoient leur Prince aux abois,
Grand éton-nement & grandes cla-meurs dans l'armée de Turnus. Deplorent leurs tristes desastres,
& poussent leurs voix iusqu'aux Astres,
On n'entend que gemissements,
Rien que cris, & que hurlements,
Si que la montagne prochaine
Renuoyoit le bruit dans la plaine.
Turnus jadis si furieux,
Leuant les mains, baissant les yeux,
Le cœur soumis, & le tein blesme,
Outré d'un repentir extresme,

GOGVENARD.

Disoit au vainqueur Eneas,
Prince, ie n'en appelle pas!
Ce seroit ternir vostre gloire,
Iouïssez de vostre Victoire!
Acheuez & percez ce flanc,
Poussez, n'épargnez point mon sang;
Ou moderez vostre colere,
De crainte que mon pauure Pere,
Que mon pauure Pere Daunus
N'arrache ses cheueux chenus,
Apprenant ma misere extresme;
& iugez autruy par vous-mesme:
Car si iadis deuant le temps
Le fer eût abregé vos ans,
Feu Monsieur vostre Pere Anchise
Eust arraché sa barbe grise,
& ce seroit precipité
Dans vne telle extremité.
Accordez-moy donc cette grace;
Ou, s'il faut enfin que ie passe,
Ne iettez pas mon corps aux chiens,
Mais souffrez qu'on me rende aux miens!
Encor ce dernier auantage
Est petit pour vn grand courage.
Ma mort mesme, ô! braue Eneas,
Ne vous en rendra pas plus gras;

Padaisses de Turnus qui demande la vie à Enée.

VIRGILE

Bornez cette funeste enuie!
Aussi bien, sans m'oster la vie,
Enfin Lavinie est à vous!
Ie suis desarmé deuant tous:
La Noblesse de l'Italie,
Qui voit comme ie vous supplie,
Dira l'affaire comme elle est,
N'acheuez donc pas, s'il vous plaist,
& moderez vostre colere,
O Prince! ô! Prince debonnaire!
Prince, helas! ne me tuez pas!
 Enée, icy, retint son bras,
Et se resserra dans ses armes.
Déja les plaintes & les larmes
Faisoient quelque effet sur son cœur,
Le Vaincu gaignoit le Vainqueur;
Quand par malheur sur son épaule,
(Pendant qu'il parle & qu'il piaule,
Pour fléchir ce Prince irrité,)

Baudrier de Pallas. Paroist ce Baudrier si vanté,
Garny de boucles les plus fines,
De cloux dorez & de platines,

Pallas fils d'Euander Roy d'Arcadie. Ce baudrier du ieune Pallas,
Qu'il auoit iadis mis à bas.
Turnus depuis telle victoire,
(Qui pour en garder la memoire,
      L'auoit

L'auoit toûjours eu sur le dos)
L'auoit encor mal à propos ;
Car le bon Eneas, peut-estre,
Eût voulu luy faire parestre,
Qu'il estoit humain & clement,
Et qu'il pardonnoit librement.
Mais dés qu'il connut ces dépoüilles,
Aussi-tost il luy chanta poüilles ;
Et de fureur tout hors de soy,
Luy dit, quoy, miserable ! quoy !
Par tes pleurs, ou par ta priere
Tu crois échaper ma colere ;
Toy, que ie trouue, & que ie tiens,
Chargé des dépoüilles des miens !
Ce Baudrier te couste la vie,
Et quelque genereuse enuie
Que j'eus de te rendre content,
Ce coup, (il le frappe à l'instant)
Te va payer auec vsure
D'vne si temeraire injure.
Qu'il te souuienne de Pallas,
A qui tu fis passer le pas ;
C'est luy qui te rend sa victime,
Et qui te punit de ton crime ;
C'est Pallas qui te fait perir.
   A ces mots, sans plus discourir,

Turne aprés auoir tué le ieune Pallas, se saisit de son Baudrier comme de la plus belle dépoüille, & pour lors le portoit encore.

Ce Baudrier renouuelle la douleur d'Enée, & lui fait ressouuenir de la perte qu'il auoit faite du ieune Pallas qui auoit employé sa vie pour sa defence. Voyez Virg. liu. 11.

Il vous luy donne de sa lance
Tout au beau milieu de la pance;
Et l'Ame du pauure Turnus,
Malgré ses contes sogrenus,
Fuit en murmurant, & deuale
Pour iamais, en l'ombre infernale:
Son corps gist, pâle, & tout transi;
[Et l'Histoire finit ainsi.]

FIN.

Extraict du Priuilege du Roy.

PAR grace & Priuilege du Roy en datte du 15. Iuin 1650. Signé Labonie. Il est permis à Claude Petit-Iehan Aduocat en Parlement, de faire imprimer pendant le temps de vingt ans, vn Liure intitulé *Le Virgile Goguenard, ou le douziesme Liure de l'Eneide trauesty*, auec deffenses à tous autres d'en vendre d'autre Impression, que de celle qu'aura fait faire ledit Petit Iehan, ou autre ayant droict de luy, à peine de trois mil liures d'amende, confiscation des exemplaires, & tous despens, dommages & interests, ainsi qu'il est plus amplement mentionné esdites Lettres, qui sont en vertu du present extraict tenuës pour bien & deuëment signifiées.

Et ledit Sieur Petit-Iean a cedé & transporté le Priuilege ci-dessus à Antoine de Sommauille Marchand Libraire à Paris, pour en iouyr selon sa teneur, & aux conditions entr'eux accordees.

Acheué d'imprimer le 20. Decembre 1651.

www.ingramcontent.com/pod-product-compliance
Lightning Source LLC
Chambersburg PA
CBHW071948160426
43198CB00011B/1598